智能制造工业软件应用系列教材

工业数据采集与管理系统
（上　册）

胡耀华　梁乃明　总主编
王福杰　程泽阳　编　著

机械工业出版社

本书以 WinCC 为实现工具，讲述工业数据采集与管理系统的组态方法。WinCC 即 Windows Control Center（视窗控制中心），是一个基于 Windows 操作系统的数据采集与监控管理软件。本书共 10 章，讲解 WinCC 软件的使用及其在智能制造中的运用，内容包括 SCADA 软件基础知识、WinCC 软件安装、项目入门、变量管理器、图形编辑器、报警记录、变量归档、报表编辑器、用户管理、服务器冗余和 Web 服务器。

通过对本书的学习，读者会对现场运行设备的监视和控制有深入的理解，能使用 WinCC 软件实现数据采集、控制、测量、参数调节及信号报警等各项数据采集与管理功能。

本书内容全面，基本覆盖了组态软件的基本操作、前沿功能与实际操作中易被忽略的知识点，不仅可以作为高等院校智能制造工程、自动化、机械工程及其自动化、电气工程等相关专业的教学用书，也可作为技术开发人员及工程技术人员的培训和自学用书。

图书在版编目（CIP）数据

工业数据采集与管理系统. 上册/胡耀华，梁乃明总主编；王福杰，程泽阳编著. —北京：机械工业出版社，2021.10（2024.8 重印）
智能制造工业软件应用系列教材
ISBN 978-7-111-69388-8

Ⅰ. ①工… Ⅱ. ①胡… ②梁… ③王… ④程… Ⅲ. ①制造工业-数据采集 ②制造工业-数据管理 Ⅳ. ①F407.4

中国版本图书馆 CIP 数据核字（2021）第 212339 号

机械工业出版社（北京市百万庄大街 22 号　邮政编码 100037）
策划编辑：徐鲁融　　责任编辑：徐鲁融　张翠翠
责任校对：陈　越　　封面设计：王　旭
责任印制：张　博
北京雁林吉兆印刷有限公司印刷
2024 年 8 月第 1 版第 2 次印刷
184mm×260mm・8.25 印张・197 千字
标准书号：ISBN 978-7-111-69388-8
定价：29.80 元

电话服务　　　　　　　　　　网络服务
客服电话：010-88361066　　机 工 官 网：www.cmpbook.com
　　　　　010-88379833　　机 工 官 博：weibo.com/cmp1952
　　　　　010-68326294　　金 书 网：www.golden-book.com
封底无防伪标均为盗版　　　机工教育服务网：www.cmpedu.com

前言

随着"中国制造2025"和"两化融合政策"的提出,如何实现信息化和工业化的结合、提升制造技术水平,是我国制造业面临的一大挑战。通过SCADA(Supervisory Control And Data Acquisition,监视控制与数据采集)系统,可以采集和管理制造过程产生的数据,以供分析和优化,提高制造过程的信息化和透明化程度,不断优化制造过程,促进制造生产水平不断提高。同时,也为企业后期搭建功能更加强大的企业信息化平台提供数据基础。针对各行各业智能制造需求的不断提升,SCADA技术也在不断完善,不断发展,其技术进步一刻也没有停止过,并逐渐在传统流程行业和离散型行业中得到深化应用与推广,进而提升企业的信息化水平。

本书介绍的WinCC软件是SCADA软件中的一种,由西门子公司与微软公司共同开发推出,采用众多先进技术,是在自动化领域居于世界领先地位的工控软件。WinCC是一个功能强大的全面开放的监控系统,既可以用来完成小规模的、简单的过程监控应用,也可以用来完成复杂的应用。在任何情况下,WinCC都可以生成美观而便捷的人机对话界面,使操作员能够清晰地管理和优化生产过程。

本书主要讲解WinCC软件的基本功能与操作。第1章对SCADA软件的基础知识做了简单的介绍。第2章主要介绍了WinCC软件安装的硬件配置要求、操作系统要求、软件安装包、软件安装步骤,以及软件卸载、激活、获取资料与帮助的方法。第3~10章对WinCC软件的具体功能做了详细的介绍,包括项目入门、变量管理器、图形编辑器、报警记录、变量归档、报表编辑器、用户管理、服务器冗余与Web服务器。与本书配合使用的《工业数据采集与管理系统(下册)》和本书同步出版。

本书是智能制造工业软件应用系列教材中的一本,本系列教材在东莞理工学院马宏伟校长和西门子中国区总裁赫尔曼的关怀下,结合西门子公司多年在产品数字化开发过程中的经验和技术积累编写而成。本系列教材由东莞理工学院胡耀华和西门子公司梁乃明任总主编,本书由东莞理工学院王福杰和西门子公司程泽阳共同编著。虽然编著者在本书的编写过程中力求描述准确,但由于水平有限,书中难免有不妥之处,恳请广大读者批评指正。

编著者

目 录

前言
第1章　SCADA 软件基础知识 ... 1
1.1　概述 ... 1
1.2　WinCC V7.4 简介 ... 2
1.3　WinCC V7.4 产品分类 ... 3
习题 ... 7
第2章　WinCC 软件安装 ... 8
2.1　硬件配置要求 ... 8
2.2　操作系统要求 ... 9
2.3　软件安装包 ... 9
2.4　软件安装步骤 ... 9
2.5　软件卸载 ... 21
2.6　软件激活 ... 22
2.7　获取资料与帮助 ... 25
习题 ... 25
第3章　项目入门 ... 26
3.1　新建项目 ... 26
3.2　组态变量 ... 28
3.3　组态监控画面 ... 30
3.4　设置启动选项 ... 36
3.5　激活项目 ... 37
3.6　设置起始画面 ... 38
3.7　退出系统 ... 39
3.8　设置自动启动 ... 40
习题 ... 41
第4章　变量管理器 ... 43
4.1　变量管理器介绍 ... 43
4.2　编辑变量 ... 44
4.3　外部变量与通信协议 ... 46
4.4　结构变量 ... 48
4.5　变量仿真器 ... 50

习题 ... 53
第5章　图形编辑器 ... 54
5.1　图形编辑器介绍 ... 54
5.2　创建图形对象 ... 55
5.3　编辑图形对象 ... 58
5.4　控件对象 ... 67
5.5　对象属性 ... 68
5.6　对象库 ... 69
5.7　画面组态 ... 69
习题 ... 71
第6章　报警记录 ... 72
6.1　报警记录编辑器 ... 72
6.2　消息类型 ... 74
6.3　组态报警记录 ... 75
6.4　组态报警控件 ... 76
习题 ... 78
第7章　变量归档 ... 79
7.1　过程值归档的相关概念 ... 79
7.2　过程值归档方法 ... 80
7.3　过程值的存储 ... 81
7.4　过程值归档 ... 81
习题 ... 85
第8章　报表编辑器 ... 86
8.1　页面布局编辑器 ... 86
8.2　构建页面布局的对象 ... 87
8.3　打印作业 ... 89
8.4　报表的需求分析 ... 90
8.5　WinCC 的报表系统 ... 92
习题 ... 96
第9章　用户管理 ... 97
9.1　创建用户组 ... 97

9.2 分配权限 …………………… 98	服务器 …………………………… 104
9.3 创建用户 …………………… 99	10.1 配置冗余服务器 ………… 104
9.4 实现用户登录 ……………… 101	10.2 配置 Web 服务器 ……… 107
9.5 用户注销 …………………… 102	习题 ………………………………… 120
9.6 为画面添加授权 …………… 102	附录 常见名称介绍 …………… 121
习题 ………………………………… 103	参考文献 …………………………… 123

第 10 章 服务器冗余和 Web

第 1 章

SCADA软件基础知识

1.1 概述

SCADA（Supervisory Control And Data Acquisition，监视控制与数据采集）系统是以计算机为基础的生产过程控制与调度自动化系统。它可以对现场的运行设备进行监视和控制，以实现数据采集、设备控制、测量、参数调节及各类信号报警等各项功能。

SCADA系统一般通过SCADA软件平台实现，如西门子的WinCC组态软件，就是一款全球领先的SCADA软件，在全球已有30多年的自动化行业成功经验，并且在20世纪90年代就成为最早一批进入我国市场的组态软件，在我国市场的各个行业都有众多应用。

SCADA系统自诞生之日起就与计算机技术的发展紧密相关，发展至今已经经历了4代。

第一代是基于专用计算机和专用操作系统的SCADA系统，如电力自动化研究院为华北电网开发的SD176系统，以及日本日立公司为我国铁道电气化远动系统所设计的H-80M系统。这一阶段从计算机运用到SCADA系统时开始，到20世纪70年代为止。

第二代是20世纪80年代基于通用计算机的SCADA系统。在第二代中，广泛采用VAX⊖等其他计算机及通用工作站，操作系统一般是通用的Linux⊖操作系统。在这一阶段，SCADA系统在电网调度自动化中与经济运行分析、自动发电控制⊖（AGC）及网络分析结合到了一起，构成了EMS⊖（Energy Management System，能量管理系统）。第一代与第二代SCADA系统的共同特点是都基于集中式计算机系统，并且系统不具有开放性，因而系统维护、升级联网都很困难。

20世纪90年代，秉承开放的原则，基于分布式计算机网络及关系数据库技术的，能够实现大范围联网的SCADA/EMS系统称为第三代。这一阶段是我国SCADA/EMS系统发展最快的阶段，各种计算机技术都汇集到SCADA/EMS系统中。

第四代SCADA/EMS系统在21世纪初诞生。该系统的主要特征是采用Internet技术、面向对象技术、神经网络技术及Java⊖技术等，继续扩大SCADA/EMS系统与其他系统的集成，综合安全、经济运行及商业化运营的需要。

SCADA软件伴随DCS⊖的出现而被熟知，典型的分布式工业网络控制系统通常可分为现场层、控制层、操作层和管理层4个层次，如图1-1所示。其中，现场层负责将物理信号

⊖ 所标注的内容介绍见附录。

转换成数字信号或标准的模拟信号,控制层完成对线程工艺过程的逻辑控制,操作层通过对多个控制设备的集中管理来完成生产监控,管理层负责对生产数据进行管理、统计和查询等。控制层的运行主要通过 PLC 实现,而操作层对生产过程的监控、数据管理及通信主要由 SCADA 软件实现。SCADA 软件逐步发展成为工业自动化领域中广泛使用的通用性软件,目前已经应用于企业信息管理、管理控制一体化、远程诊断和维护以及互联网数据整合等各个领域。

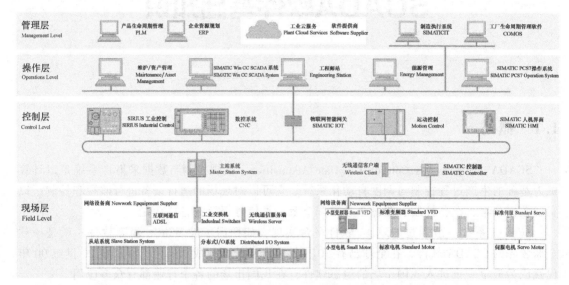

图 1-1 典型的分布式工业网络控制系统

随着"两化融合"政策的提出,如何实现信息化和工业化的结合,提升制造生产水平,是我国制造业面临的一大挑战。SCADA 系统可以帮助人们收集制造过程产生的数据以供分析和优化,进而提高制造过程的信息化和透明化,不断优化制造过程,从而促进制造生产水平的不断提高。同时,也为企业后期搭建功能更加强大的企业信息化平台提供数据基础。

借助"两化融合"政策的春风,SCADA 技术将不再局限于大型的能源、化工等传统行业,越来越多的离散型大、中、小型制造业正在引入 SCADA 技术来提升企业的信息化水平。在可预见的时间内,SCADA 技术将在我国迎来高速发展的黄金期。

本书是基于 WinCC V7.4 亚洲版进行编写的。

1.2 WinCC V7.4 简介

WinCC V7.4 是西门子公司采用自动化领域先进技术,与微软公司共同开发的,居于世界领先地位的工控软件。WinCC(Windows Control Center,视窗控制中心)是一个基于 Windows 操作系统的数据采集与监控软件。WinCC 是一个功能强大的全面开放的监控系统,既可以完成小规模的简单过程监控应用,也可以完成复杂应用。在任何情况下,WinCC 都可以生成美观而便捷的人机对话界面,使操作员能够清晰地管理和优化生产过程。

WinCC 几乎拥有先进人机界面产品的所有功能,集成的功能如下。

1）图形系统：用于自由地配置画面，并完全通过图形对象进行操作。图形对象具有动态属性，用户可对属性进行在线配置。

2）报警信息系统：用于记录和存储事件并予以显示，并允许自由地对信息分类、信息显示和报表等进行设置，操作非常简便。

3）变量存档：用于接收、记录和压缩测量值，并可进行曲线和图表显示及进一步的编辑。

4）报表系统：允许用户选择一定的报表格式，可按时间顺序或事件触发顺序来对信息、文档当前数据进行报表输出。

5）数据处理：用于对图形对象的动作使用 C 语言及 C 编译器进行编辑。

6）标准接口：用于通过 ODBC⊖ 和 SQL⊖ 访问用于组态及过程数据的 Oracle⊖、Sybase⊖ 数据库。

7）应用程序接口：允许用户编写可用于扩展 WinCC 基本功能的标准应用程序。WinCC 提供集成的标准 C 语言编程环境，任何用户程序都可以同时与 WinCC 一起运行，并且可以使用 WinCC 数据库及调用内部函数。用这种方法，WinCC 可以解决众多性能计算问题。

另外，WinCC 还提供多种可选软件包，如通信开发工具（CDK），它允许用户开发用于连接数据管理器与任何目标系统的通信软件。WinCC 的组态及归档数据存放在关系型数据库中，数据可用标准工具（如 ODBC 和 SQL 等）读出。很多标准的应用（如 Microsoft Excel 等）都可以与 WinCC 并行运行，同时可通过 DDE⊖ 装载过程数据。操作员站的软件允许通用的 OCX⊖、ActiveX⊖ 链接。更进一步，集成的 OPC⊖ 服务器使得过程数据可由其他应用程序（OPC 客户机）访问。

1.3　WinCC V7.4 产品分类

WinCC 软件的产品种类繁多，按照产品的功能划分，主要分为完全版、运行版和选件包。其中，完全版和运行版是 WinCC 的基础软件包，是运行 WinCC 项目必不可少的授权。选件包中有种类繁多的选件，是对 WinCC 基础软件包功能的进一步丰富，需要另外授权。WinCC V7.4 的软件授权类型见表 1-1。

表 1-1　WinCC V7.4 软件授权类型表

产品名称	产品描述
WinCC 亚洲版 基本运行系统	WinCC 系统软件运行版 V7.4 亚洲版 128 外部变量（RT 128）
	WinCC 系统软件运行版 V7.4 亚洲版 512 外部变量（RT 512）
	WinCC 系统软件运行版 V7.4 亚洲版 2048 外部变量（RT 2048）
	WinCC 系统软件运行版 V7.4 亚洲版 8192 外部变量（RT 8192）
	WinCC 系统软件运行版 V7.4 亚洲版 65536 外部变量（RT 65536）
	WinCC 系统软件运行版 V7.4 亚洲版 102400 外部变量（RT 102400）
	WinCC 系统软件运行版 V7.4 亚洲版 153600 外部变量（RT 153600）
	WinCC 系统软件运行版 V7.4 亚洲版 262144 外部变量（RT 262144）

⊖ 所标注的内容介绍见附录。

（续）

产品名称	产品描述
WinCC 亚洲版基本组态及运行系统	WinCC 系统软件完全版 V7.4 亚洲版 128 外部变量（RC 128）
	WinCC 系统软件完全版 V7.4 亚洲版 512 外部变量（RC 512）
	WinCC 系统软件完全版 V7.4 亚洲版 2048 外部变量（RC 2048）
	WinCC 系统软件完全版 V7.4 亚洲版 8192 外部变量（RC 8192）
	WinCC 系统软件完全版 V7.4 亚洲版 65536 外部变量（RC65536）
	WinCC 系统软件完全版 V7.4 亚洲版 102400 外部变量（RC 102400）
	WinCC 系统软件完全版 V7.4 亚洲版 153600 外部变量（RC 153600）
	WinCC 系统软件完全版 V7.4 亚洲版 262144 外部变量（RC 262144）
WinCC 服务器及冗余	WinCCV7.4 服务器选件授权，需要与 WinCC RT 或 RC 组合使用来构成 WinCC 服务器
	WinCCV7.4 冗余选件授权
Web 服务器选件 WebNavigator	WinCC/WebNavigator V7.4 支持 1 个客户机（可累加）
	WinCC/WebNavigator V7.4 支持 3 个客户机（可累加）
	WinCC/WebNavigator V7.4 支持 10 个客户机（可累加）
	WinCC/WebNavigator V7.4 支持 30 个客户机（可累加）
	WinCC/WebNavigator V7.4 支持 100 个客户机（可累加）
Web 服务器（只读）及 Excel 报表扩展选件 DataMonitor	WinCC/DataMonitor V7.4 支持 1 个客户机（可累加）
	WinCC/DataMonitor V7.4 支持 3 个客户机（可累加）
	WinCC/DataMonitor V7.4 支持 10 个客户机（可累加）
	WinCC/DataMonitor V7.4 支持 30 个客户机（可累加）
移动 Web 终端选件 WebUX	WinCC/WebUX 移动监视 支持 1 个客户机（可累加）
	WinCC/WebUX 移动监视 支持 3 个客户机（可累加）
	WinCC/WebUX 移动监视 支持 10 个客户机（可累加）
	WinCC/WebUX 移动监视 支持 30 个客户机（可累加）
	WinCC/WebUX 移动监视 支持 100 个客户机（可累加）
	WinCC/WebUX 移动监视与控制 支持 1 个客户机（可累加）
	WinCC/WebUX 移动监视与控制 支持 3 个客户机（可累加）
	WinCC/WebUX 移动监视与控制 支持 10 个客户机（可累加）
	WinCC/WebUX 移动监视与控制 支持 30 个客户机（可累加）
	WinCC/WebUX 移动监视与控制 支持 100 个客户机（可累加）
变量归档授权	WinCCV7.4 归档 1500 个归档变量（可累加）
	WinCCV7.4 归档 5000 个归档变量（可累加）
	WinCCV7.4 归档 10000 个归档变量（可累加）
	WinCCV7.4 归档 30000 个归档变量（可累加）
其他选件	WinCC/WebNavigator V7.4 诊断客户机
	WinCC/Web Load Balancing V7.4 Web 负载平衡（两个服务器授权）
	WinCC/User ArchivesV7.4 用户归档选件授权，用户归档用于诸如配方之类的功能

(续)

产品名称	产品描述
其他选件	WinCC/ODKV7.4 开放开发工具包
	WinCC/ConnectivityPackV7.4 连通包选件
	WinCC/ConnectivityStationV7.4 连通站选件
	WinCC/Industrial DatabridgeV7.4(工业数据桥基本系统) 100 个变量
	WinCC/Industrial DatabridgeV7.4(工业数据桥) 300 个变量(可累加)
	WinCC/Industrial DatabridgeV7.4(工业数据桥) 1000 个变量(可累加)
	WinCC/Industrial DatabridgeV7.4(工业数据桥) 3000 个变量(可累加)
	WinCC/Calendar SchedulerV7.4 日历调度
	WinCC/Event NotifierV7.4 事件提醒
	WinCC/ProAgentV7.4 过程诊断选件授权,与 S7-PDIAG/S7-Graph 配合使用
	WinCC/Audit RT V7.4 审计跟踪选件运行版
	WinCC/Audit RC V7.4 审计跟踪选件组态及运行版
	WinCC/ChangeControlV7.4 组态跟踪选件组态及运行版
	WinCC/PerformanceMonitor V7.4 基本系统,包含 30 个归档变量授权
	WinCC/PerformanceMonitor 归档 30 个 变量授权(可累加)
	WinCC/PerformanceMonitor 归档 100 个 变量授权(可累加)
	WinCC/PerformanceMonitor 归档 300 个 变量授权(可累加)
	WinCC/PerformanceMonitor 归档 1000 个 变量授权(可累加)
升级选件	WinCCV7.4 变量升级 RT 128 到 RT 512
	WinCCV7.4 变量升级 RT 512 到 RT 2048
	WinCCV7.4 变量升级 RT 2048 到 RT 8192
	WinCCV7.4 变量升级 RT 8192 到 RT 65536
	WinCCV7.4 变量升级 RT 65536 到 RT 102400
	WinCCV7.4 变量升级 RT 102400 到 RT 153600
	WinCCV7.4 变量升级 RT 153600 到 RT 262144
	WinCCV7.4 变量升级 RC 128 到 RC 512
	WinCCV7.4 变量升级 RC 512 到 RC 2048
	WinCCV7.4 变量升级 RC 2048 到 RC 8192
	WinCCV7.4 变量升级 RC 8192 到 RC 65536
	WinCCV7.4 变量升级 RC 65536 到 RC 102400
	WinCCV7.4 变量升级 RC 102400 到 RC 153600
	WinCCV7.4 变量升级 RC 153600 到 RC 262144
	WinCC RT 亚洲版升级包从 V7.X 升级到 V7.4
	WinCC RC 亚洲版升级包从 V7.X 升级到 V7.4
专用于欧洲版	WinCC 系统软件运行版 V7.4 欧洲版 128 外部变量（RT 128）
	WinCC 系统软件运行版 V7.4 欧洲版 512 外部变量（RT 512）

(续)

产品名称	产品描述
专用于欧洲版	WinCC 系统软件运行版 V7.4 欧洲版 2048 外部变量（RT 2048）
	WinCC 系统软件运行版 V7.4 欧洲版 8192 外部变量（RT 8192）
	WinCC 系统软件运行版 V7.4 欧洲版 65536 外部变量（RT 65536）
	WinCC 系统软件运行版 V7.4 欧洲版 102400 外部变量（RT 102400）
	WinCC 系统软件运行版 V7.4 欧洲版 153600 外部变量（RT 153600）
	WinCC 系统软件运行版 V7.4 欧洲版 262144 外部变量（RT 262144）
	WinCC 系统软件完全版 V7.4 欧洲版 128 外部变量（RC 128）
	WinCC 系统软件完全版 V7.4 欧洲版 512 外部变量（RC 512）
	WinCC 系统软件完全版 V7.4 欧洲版 2048 外部变量（RC 2048）
	WinCC 系统软件完全版 V7.4 欧洲版 8192 外部变量（RC 8192）
	WinCC 系统软件完全版 V7.4 欧洲版 65536 外部变量（RC65536）
	WinCC 系统软件完全版 V7.4 欧洲版 102400 外部变量（RC 102400）
	WinCC 系统软件完全版 V7.4 欧洲版 153600 外部变量（RC 153600）
	WinCC 系统软件完全版 V7.4 欧洲版 262144 外部变量（RC 262144）
	WinCC RT 从 V7.X 升级到 V7.4
	WinCC RC 从 V7.X 升级到 V7.4

在表 1-1 中，WinCC 亚洲版基本组态及运行系统和 WinCC 亚洲版基本运行系统属于 WinCC 的基础运行软件，是运行 WinCC 项目必不可少的软件。其中，WinCC 亚洲版基本组态及运行系统主要包含项目运行和项目编辑的功能，WinCC 亚洲版基本运行系统只包含项目运行功能，而没有项目编辑功能。这两个基础运行软件均按照外部变量点数进行授权，有 128、512、2048、8192、65536、102400、153600、262144 这 8 个档次，用户可根据自身所需要采集的外部点数选择不同的档次。如果后期添加设备等原因导致原来采购的软件变量点数不够用，可以通过选择表 1-1 中的升级选件额外增加变量点数。另外，WinCC 还分为亚洲版和欧洲版，主要区别在于语言。

WinCC V7.4 服务器选件授权：用于组成客户机/服务器的网络架构。在获取服务器选件授权以后，同一个网络上的客户机均可访问服务器上的项目。

WinCC V7.4 冗余选件授权：用于在两台服务器之间形成热备冗余系统，当主服务器发生故障时，冗余服务器会继续运行项目，保证项目的稳定性。冗余选件授权需要与服务器授权搭配使用。一对互为冗余的服务器（两台）只需要一个冗余授权。

Web 服务器选件 WebNavigator：用于搭建 B/S[⊖] 架构的服务器。WinCC 除了支持 C/S[⊖] 架构外，还可以选择 B/S 架构。B/S 架构的服务器需要 WebNavigator 的授权，WebNavigator 的授权无法单独使用，必须与 WinCC 基础运行软件搭配使用。WebNavigator 授权方式是按照同时在线的客户机数量进行授权，当同时在线的客户机数量达到授权数量后，后续的客户机就无法访问服务器。客户机必须安装 IE11 或更高版本的浏览器才能访问。

⊖ 所标注的内容介绍见附录。

移动 Web 终端选件 WebUX：即俗称的移动设备 APP，用于通过手机、平板计算机等移动设备访问 WinCC 项目，需要在移动客户端安装软件。授权方式是按照移动客户端的数量进行授权，并且分为监视和远程控制两种方式。授权许可证书安装在服务器中，当移动客户端访问服务器时，会自动从服务器获取授权。

变量归档授权：用于实现高效的长期、实时数据存储功能。WinCC 的变量归档具有存储速度快、存储空间小的特点，可以进行长期的数据归档。归档授权允许直接使用 WinCC 自带的选件来读取和处理归档数据。当读取归档数据时，需要连通包授权或工业数据桥授权。归档变量也是按照变量点数进行授权的。

以上是正常项目中经常用到的授权。对于其他授权，可以通过西门子 WinCC 官网下载相应的说明文档进行了解。

由于 WinCC V7.4 的产品种类繁多，在选型的时候，如果用户对 WinCC 的授权方式没有充分的了解，那么建议通过咨询西门子技术人员来选型。选型前列出详细需求清单，作为选型的依据。

习　题

1. 说明 SCADA 系统的含义。
2. 简单描述 WinCC 的主要功能、特点和应用场景。

第 2 章 WinCC 软件安装

由于 WinCC 所包含的产品类型繁多,每种产品都有不同的安装步骤,如果一一介绍,会占用大量篇幅。本章将详细介绍 WinCC 基础软件系统的安装步骤,其他选件的安装将根据选件的使用频率进行简单的介绍。

2.1 硬件配置要求

WinCC 基础运行软件所需的硬件配置要求见表 2-1。

表 2-1 WinCC 基础运行软件所需的硬件配置要求

硬件设备	操作系统	最低配置	推荐配置
CPU	Windows 7(32 位) Windows 8.1(32 位)	双核 CPU 客户端/单用户系统:2.5GHz	多核 CPU 客户端:3GHz 单用户系统:3.5GHz
	Windows 7(64 位) Windows 8.1(64 位) Windows 10(64 位)	双核 CPU 客户端/单用户系统:2.5GHz	多核 CPU 客户端:3GHz 单用户系统:3.5GHz
	Windows Server 2008 R2 Windows Server 2012 R2	双核 CPU 客户端/单用户系统/服务器:2.5GHz	多核 CPU 单用户系统:3.5GHz 服务器:3.5GHz
内存	Windows 7 Windows 8.1(32 位)	客户端:1GB 单用户系统:2GB	客户端:2GB 单用户系统:3GB
	Windows 7 Windows 8.1 Windows 10(64 位)	客户端:2GB 单用户系统:4GB	4GB
	Windows Server 2008 R2 Windows Server 2012 R2	4GB	8GB
安装软件所需硬盘空间	—	15GB	>15GB
使用软件所需空间	—	软件所需空间主要取决于项目数量和存储数据的大小	>10GB
颜色深度/颜色质量	—	256 色	最高(32 位)
分辨率	—	800 像素×600 像素	1920 像素×1080 像素(全高清)

2.2 操作系统要求

WinCC 基础运行软件所需的操作系统要求见表 2-2。

表 2-2 WinCC 基础运行软件所需的操作系统要求

操作系统	操作系统版本	说 明
Windows 7	Professional SP 1 Enterprise SP 1 Ultimate SP 1	标准安装:32 位和 64 位
Windows 8.1	Professional Enterprise	标准安装:32 位和 64 位
Windows 10	Professional Enterprise	标准安装:64 位 只有受限版本可以使用 WinCC V7.4,有关受限版本,可参考官方资料
Windows Server 2008 R2	Standard SP 1	64 位
Windows Server 2012 R2	Standard	64 位

2.3 软件安装包

可以通过 WinCC 光盘(DVD)或在线软件交付(OSD)获得安装包,安装包内容见表 2-3。

表 2-3 WinCC V7.4 安装包内容

安装包类型	组 件
WinCC V7.4DVD	WinCC V7.4
	WinCC/WebNavigator V7.4
	WinCC/DataMonitor V7.4
	WinCC/Connectivity Pack V7.4
	WinCC/Connectivity Station V7.4
	SQL Server 2014 SP1 for WinCC V7.4
	SIMATIC Logon V1.5 SP3
	Automation License Manager V5.3 SP3
	SIMATIC NCM PC V5.5 SP3
	AS-OS-Engineering V 8.2
SIMATIC NET DVD	SIMATIC NET V13 SP2

2.4 软件安装步骤

本节以在 Windows 7 SP1 中安装 WinCC V7.4 完全版为例讲解其安装步骤。

2.4.1 安装 Windows 消息队列

1）打开控制面板，选择"卸载程序"选项，如图 2-1 所示。

2）在跳转的界面中选择"打开或关闭 Windows 功能"选项，如图 2-2 所示。

图 2-1 选择"卸载程序"选项

图 2-2 选择"打开或关闭 Windows 功能"选项

3）在弹出的"Windows 功能"对话框中勾选"Internet Information Services 可承载的 Web 核心"和"Microsoft Message Queue（MSMQ）服务器"两个复选框，然后单击"确定"按钮，如图 2-3 所示。安装过程需要约 1min 的时间，耐心等待安装完成即可。

图 2-3 "Windows 功能"对话框

注意：如果出现图 2-4 所示的弹窗（或者其他提示重新启动 Windows 的弹窗），可按照以下步骤解决。

1) 选择"开始"→"运行"选项，在打开的"运行"对话框中输入"regedit"，如图 2-5 所示，单击"确定"按钮，打开注册表。

图 2-4 重新启动 Windows 提示弹窗

图 2-5 "运行"对话框

2) 找"HKEY_LOCAL_MACHINE\System\CurrentControlSet\Control\SessionManager\PendingFileRenameOperations"这个注册表，右击，选择"删除"命令，删除该注册表，然后继续用管理员身份运行"Setup.exe"。

2.4.2 安装 WinCC 软件

1) 右击软件安装包中的"Setup.exe"文件，选择"以管理员身份运行"命令。

2) 安装程序成功运行后，会弹出安装向导，选择"安装程序语言：简体中文"单选项，单击"下一步"按钮，如图 2-6 所示。

3) 安装向导欢迎界面如图 2-7 所示，单击"下一步"按钮。

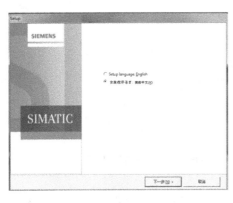

图 2-6 选择安装程序语句

图 2-7 安装向导欢迎界面

4) "许可证协议"界面如图 2-8 所示，勾选"我接受上述许可证协议的条款和开放源代码许可证协议的条款。我确认我已阅读并理解安全性信息"复选框，然后单击"下一步"按钮。

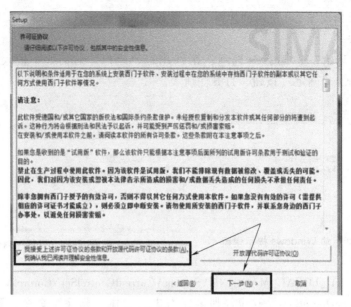

图2-8 "许可证协议"界面

5)弹出的"安装类型"界面如图2-9所示,"安装类型"选择"安装"单选项,然后单击"下一步"按钮。

6)弹出的"产品语言"界面如图2-10所示,勾选"中文"复选框,然后单击"下一步"按钮。

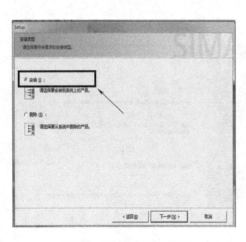

图2-9 "安装类型"界面

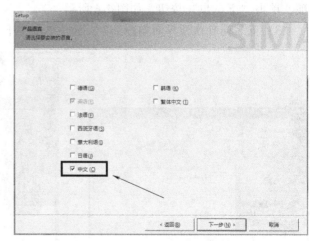

图2-10 "产品语言"界面

7)弹出的"安装类型"界面如图2-11所示,有两种安装方式,建议选择"自定义安装"单选项。如果想修改软件安装路径,可以通过单击"浏览"按钮进行修改,但是不建议修改。然后单击"下一步"按钮。

8)弹出的"程序"界面如图2-12所示,对于初学者,建议选择安装"WinCCV7.4 Standard",然后单击"下一步"按钮。

第2章 WinCC软件安装

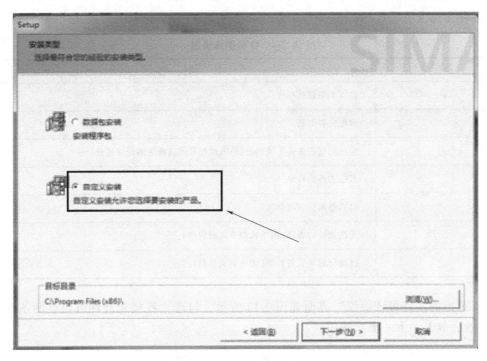

图 2-11 "安装类型"界面

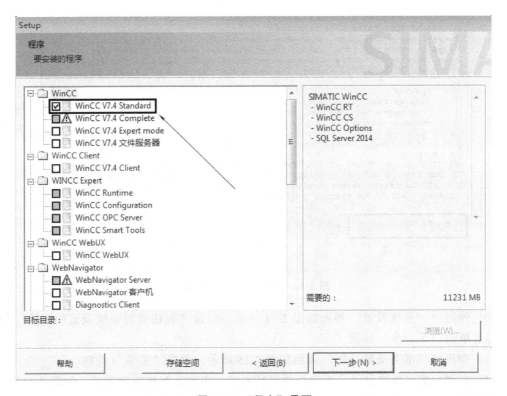

图 2-12 "程序"界面

各种图标说明见表 2-4。

表 2-4 各种图标说明

图标	说　　明
✔	已安装最新版程序
↗	程序将被更新
⚠	程序的安装条件不被满足,单击该符号可获得更多详细信息
☐	可以选择的程序
☑	已选择的待安装程序
☐	无法选择的程序(由于依赖于其他程序)
☑	已选择的待安装程序(无法取消选择)

9)弹出的"许可证协议"界面如图 2-13 所示,勾选"我接受此许可协议的条件"复选框,然后单击"下一步"按钮。

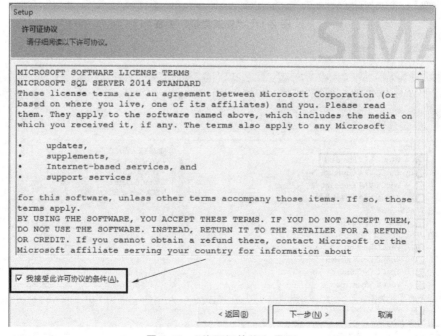

图 2-13 "许可证协议"界面

10)弹出的"系统设置"界面如图 2-14 所示,勾选"我接受对系统设置的更改"复选框,然后单击"下一步"按钮。

11)弹出的"准备安装选项"界面如图 2-15 所示,单击"安装"按钮。

12)在弹出的界面中显示了当前组件安装列表,应耐心等待安装完成,如图 2-16 所示。在安装的过程中会弹出一些界面,需要手动单击"下一步"按钮。

第2章 WinCC软件安装

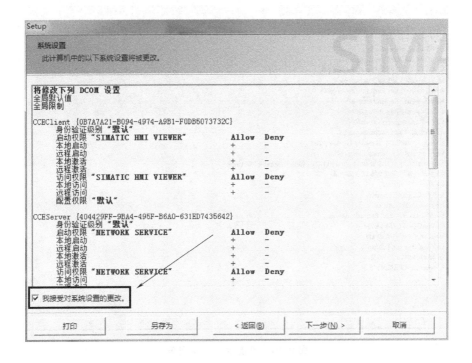

图 2-14 "系统设置"界面

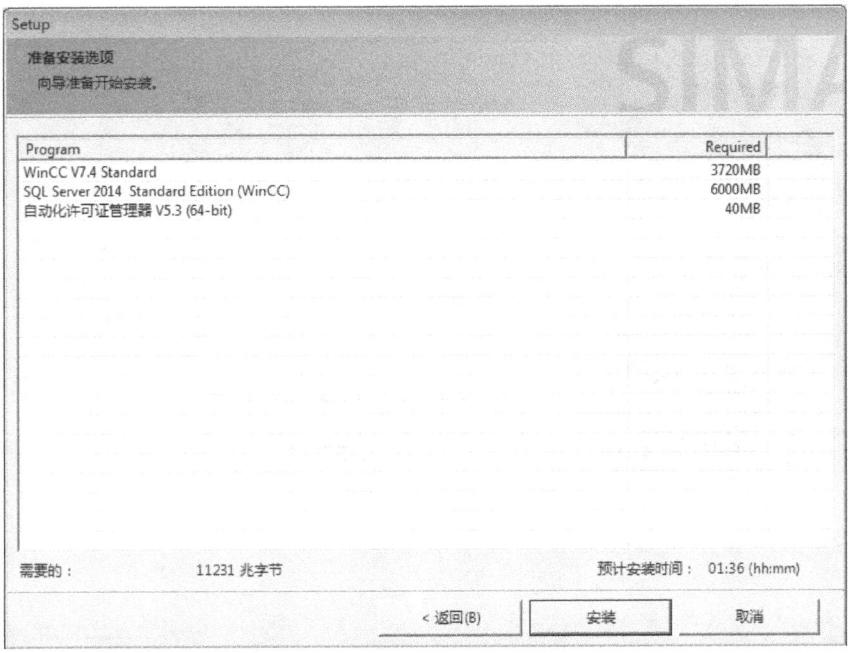

图 2-15 "准备安装选项"界面

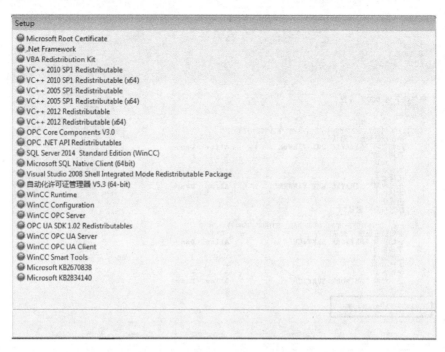

图 2-16　当前组件安装列表

13）当软件安装完成后，选择"是，立即重启计算机"单选项，然后单击"完成"按钮，重新启动计算机，如图 2-17 所示。

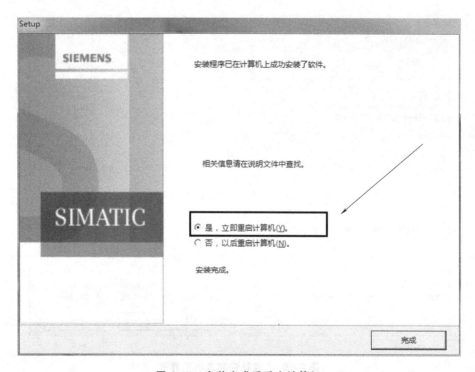

图 2-17　安装完成后重启计算机

2.4.3 安装 SIMATIC NET

1) 右击软件安装包中的"Setup.exe"文件,选择"以管理员身份运行"命令。

2) 安装程序成功运行后,在弹出的界面中单击"Install Software"按钮进入下一步操作,如图 2-18 所示。

3) 在弹出的界面中单击"Install Software"按钮进入下一步操作,如图 2-19 所示。

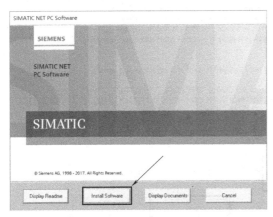
图 2-18 安装 SIMATIC NET (1)

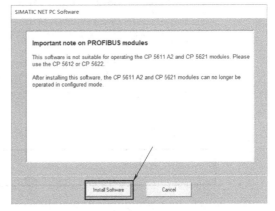
图 2-19 安装 SIMATIC NET (2)

4) 在弹出的界面中单击"Install Software"按钮进入下一步操作,如图 2-20 所示。

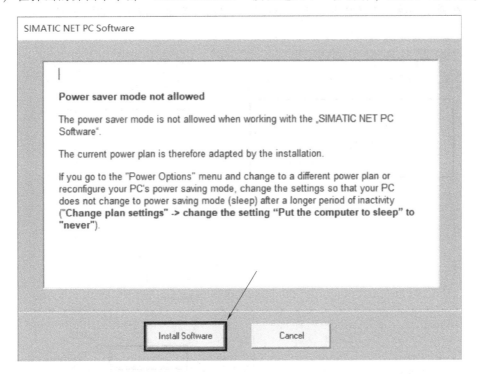
图 2-20 安装 SIMATIC NET (3)

5) 在弹出的界面中勾选复选框,然后单击"Next"按钮,如图 2-21 所示。

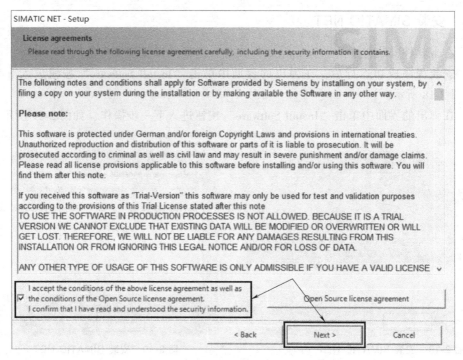

图 2-21　同意许可证协议

6）在弹出的界面中选择要安装的组件后，单击"Next"按钮，如图 2-22 所示。

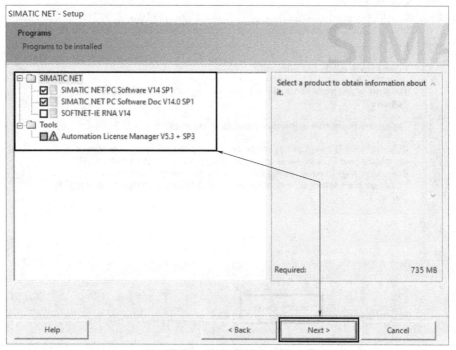

图 2-22　选择安装组件

7）在弹出的界面中勾选"I accept the change to the system settings."复选框，然后单击

"Next"按钮,如图 2-23 所示。

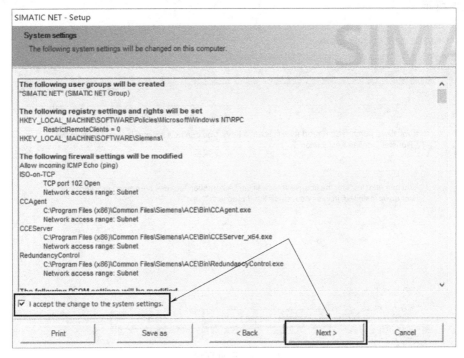

图 2-23　同意系统设置

8) 弹出的界面中显示了当前组件安装列表,耐心等待安装完成,如图 2-24 所示。

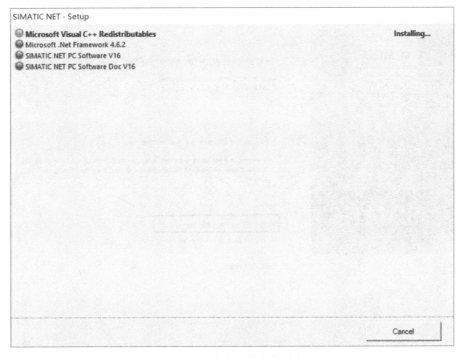

图 2-24　当前组件安装列表

9）组件安装完成后，会弹出提示"Transfer License Key"界面，单击"Next"按钮，如图 2-25 所示。

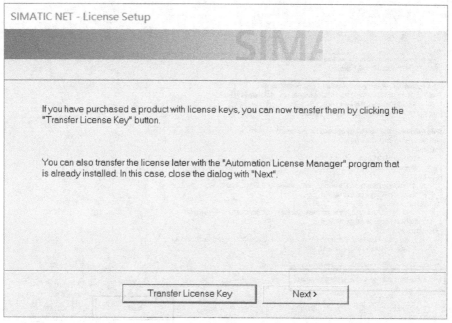

图 2-25　许可证设置

10）当软件安装完成后，选择"Yes, restart the computer now."单选项，然后单击"Finish"按钮，重新启动计算机，如图 2-26 所示。

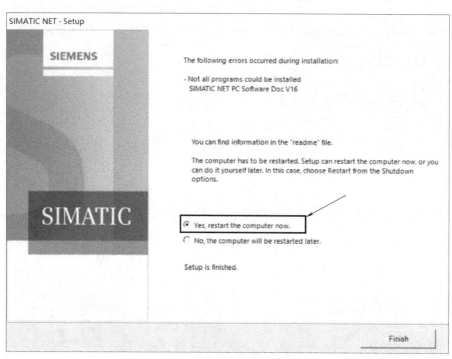

图 2-26　安装完成后重启计算机

2.5 软件卸载

1) 重复 2.4.2 小节的步骤 1)~4)。
2) 在弹出的"安装类型"界面中选择"删除"单选项,然后单击"下一步"按钮,如图 2-27 所示。

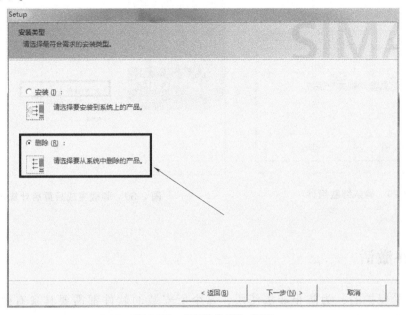

图 2-27 "安装类型"界面

3) 在弹出的界面中勾选所有需要删除的组件,单击"下一步"按钮,如图 2-28 所示。

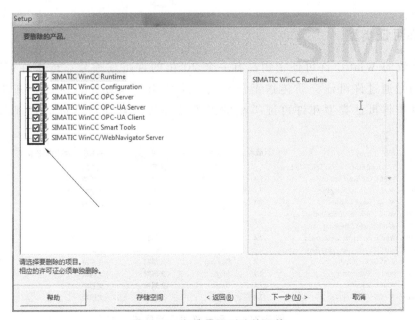

图 2-28 勾选需要删除的组件

4）在弹出的界面中单击"是"按钮，确认卸载组件，如图 2-29 所示。

5）卸载约需要花费 15min，等待卸载完成，选择"是，立即重启计算机"单选项，然后单击"完成"按钮，重新启动计算机，如图 2-30 所示。

图 2-29　确认卸载组件

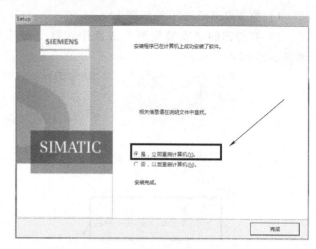

图 2-30　卸载完成后重启计算机

2.6　软件激活

软件是受保护的，为防止非法使用，每个所安装的软件都需要具备有效的许可证，以进行不受限制的操作。购买 WinCC 软件后，将获得无限制使用软件的权利，以及厂商提供的质保、支持和服务。如果没有有效的许可证，WinCC 软件只能在演示模式下使用。

2.6.1　许可证类型

每个有效的 WinCC 许可证密钥都有一个 20 位的许可证编号。传送许可证密钥时，也会将该编号通过许可证介质传送至计算机。可使用"自动化许可证管理器"程序显示相关的基本许可证类型和许可证类型的许可证编号。自动化许可证管理器如图 2-31 所示。

状态	系列	产品	版本	标准许可证类型	许可证类型	有效性	许可证密匙数量	许可证密钥
—	SIMATIC NET	Industrial Ethernet SOFTNET-S7 Lean	-	Single	无限制	无限制	1	SISLNSIESL999
—	SIMATIC HMI	WinCC Calendar Scheduler	7.4	Single	无限制	无限制	1	SISLA9OWCS0
—	SIMATIC HMI	WinCC Connectivity Pack	7.4	Single	无限制	无限制	1	SISLA9WOP10
—	SIMATIC HMI	WinCC Event Notifier	7.4	Single	无限制	无限制	1	SISLA9WCEN0
—	SIMATIC HMI	WinCC IndustrialDataBridge Tags	-	Single	Count relevant	3000	1	SISCYA9IDB99
—	SIMATIC HMI	WinCC Load Balancing	-	Single	无限制	无限制	1	SISLA9WLB19S
—	SIMATIC HMI	WinCC PerformanceMonitor	7.4	Single	无限制	无限制	1	SISLPMBASV0
—	SIMATIC HMI	WinCC PerformanceMonitor Archive	-	Single	Count relevant	100	1	SISCYPMACI9
→	SIMATIC HMI	WinCC RC (102400)	7.4	Floating	无限制	无限制	1	SIFLA9WRC60
—	SIMATIC HMI	WinCC Redundancy	7.4	Single	无限制	无限制	1	SISLA9WSRD0
—	SIMATIC HMI	WinCC Server	7.4	Single	无限制	无限制	1	SISLA9WSEC0
—	SIMATIC HMI	WinCC User Archives	7.4	Single	无限制	无限制	1	SISLA9WARC0

图 2-31　自动化许可证管理器

2.6.2 许可证导入、导出操作

1. 许可证导入

1）将 License Key USB Hardlock（硬件狗）插入服务器系统的 USB 接口，在桌面或菜单栏打开 WinCC 软件的授权工具（Automation License Manager），进入授权环境，如图 2-32 所示，查看硬件狗中的许可证是否正确。

2）确认许可证无误后将硬件狗传送到计算机（建议 D 盘），如图 2-33 所示。检查该许可证是否能正常使用，状态为"√"表示能正常使用，如图 2-34 所示。

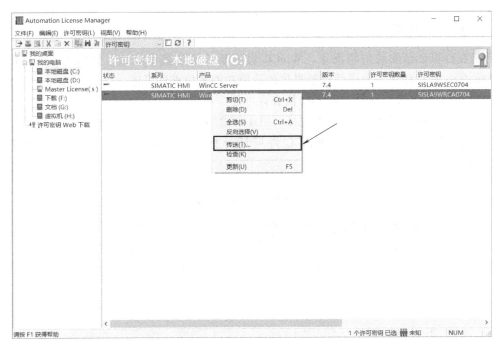

图 2-32 许可证导入（1）

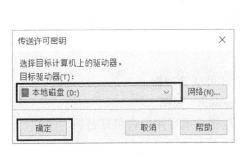

图 2-33 许可证导入（2）

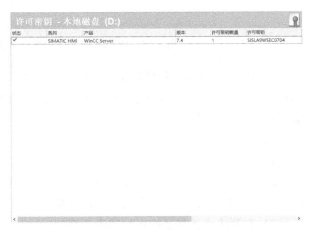

图 2-34 许可证导入（3）

2. 许可证导出

许可证导出与导入的方法相同，只是目标位置不一样，导出是将许可证传送到硬件狗上。在将许可证导出完成之后，进入硬件狗，确认许可证是否存在。确认无误后，像平常退出U盘一样将硬件狗退出即可。

> 注意：1）在系统正常运行时，不建议将硬件狗从主机上取下，否则可能会造成许可证丢失。
> 2）导出完成后，不建议直接将硬件狗直接从主机上取下，否则可能会造成许可证丢失。

2.6.3 许可证诊断

若是在许可证已安装的情况下，WinCC 仍不断切换到演示模式，则需通过 WinCC License Analysis 和自动化许可证管理器提供的诊断功能来检查许可证。

（1）使用 WinCC License Analysis 检查许可证

1）在 Windows"开始"菜单中选择"SIMATIC"→"WinCC"→"工具"文件夹中的"License Analysis"条目，将打开"WinCC 许可证分析[以演示模式运行]"对话框，如图 2-35 所示。

图 2-35 WinCC 许可证分析[以演示模式运行]对话框

2）图 2-35 所示对话框显示已安装的许可证和需要的许可证。尚未安装或权限不足的所需许可证将以红色突出显示。用户也可以通过"SIMATIC WinCC"图标的快捷菜单打开任务栏通知区中的许可证分析。

（2）使用自动化许可证管理器检查许可证

1）在"Siemens Automation"程序组中打开自动化许可证管理器。

2）在自动化许可证管理器中选择"管理"（Management）视图。

3）在浏览窗口中选择存储许可证密钥的位置，窗口将显示可用的许可证密钥。

4）在列表中选择要检查的许可证密钥。

5）从快捷菜单中选择"检查"（Check）选项。此时已检查许可证，并在列表中以状态符号的形式显示检查结果。

2.7 获取资料与帮助

可以在"西门子中国"网站的"工业支持中心"→"下载中心首页"（网址为 http://www.ad.siemens.com.cn）下载西门子的资料，在该网站的主页中单击选择"下载中心"选项，就可以进入产品介绍和相关软件的下载界面。

习 题

动手给自己的计算机安装 WinCC 软件，交流并总结经验。

第3章

项目入门

本章介绍 WinCC 的基本组件，并通过一个简单的例子来说明如何建立和编辑 WinCC 项目。

WinCC 的基本组件是组态软件与运行软件。组态软件的核心是 WinCC 项目管理器，可实现对整个工程项目的数据组态和设置进行全面的管理，开发和组态一个项目时，WinCC 项目管理器中的各个编辑器可用来建立项目所需的不同元件。运行软件可使操作人员监控生产过程。

使用 WinCC 来开发和组态一个项目的步骤如下。

1) 新建项目。
2) 组态变量。
3) 组态监控画面。
4) 设置启动选项。
5) 激活项目。

3.1 新建项目

1) 在桌面上找到"SIMATIC WinCC Explore"图标，如图 3-1 所示，右击，选择"以管理员身份运行"命令。

在首次启动 WinCC 时，将打开没有项目的项目管理器。当再次启动 WinCC 时，上次打开的项目将被打开。

使用<Shift+Alt>组合键，可避免 WinCC 立即打开项目。当启动 WinCC 时，按下<Shift+Alt>组合键，并保持不动，直到出现 WinCC 项目管理器窗口，这时 WinCC 项目管理器被打开，但不打开项目。

使用<Shift+Crtl>组合键，可避免 WinCC 立即激活项目。当启动 WinCC 时，按下<Shift+Crtl>组合键，并保持不动，直到 WinCC 项目管理器窗口完全打开并显示项目，这时 WinCC 打开前一个项目，但不启动运行系统。

图 3-1 "SIMATIC WinCC Explore"图标

2) 在打开的 WinCC 项目管理器中单击左上角的"新建"按钮，新建一个项目，如图 3-2 所示。

第3章 项目入门

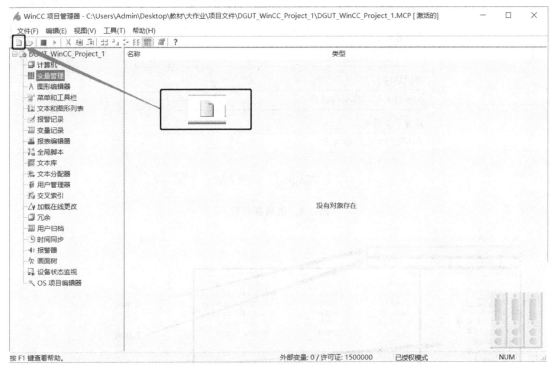

图 3-2 单击"新建"按钮

3）在打开的对话框中选择"多用户项目"单选项，然后单击"确定"按钮，创建一个多用户项目，如图 3-3 所示。

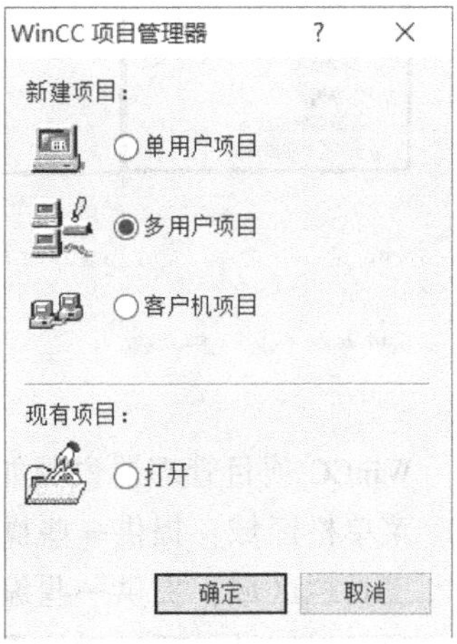

项目类型说明如下。

单用户项目：只由一台 WinCC 服务器或客户机组成。

多用户项目：是由多台 WinCC 服务器和客户机等组成的网络架构较为复杂的项目。

客户机项目：是只能运行在客户机上的项目。

打开：打开已经保存的项目。

4）在"创建新项目"对话框中输入项目名称，如"DGUT_WinCC_Project_1"，设置项目路径，输入新建子文件夹的名称，单击"创建"按钮即可创建新项目，如图 3-4 所示。

创建新项目说明如下。

项目名称：创建新项目的过程中，会在新建的子文件夹中创建一个扩展名为".MCP"的项目工程，项目工程的名称为开发者在"项目名称"文本框中输入的名字。

图 3-3 创建一个多用户项目

项目路径：选择该项目创建和保存的路径。

新建子文件夹：在创建新项目的过程中，会在项目路径下新建一个文件夹，文件夹的名称是开发者在"新建子文件夹"文本框中输入的文件夹名称，默认与项目名称一样。

5）项目创建过程需要约 0.5min 的时间。项目创建完成之后，会在项目管理器中自动打开，WinCC 项目管理器界面如图 3-5 所示。

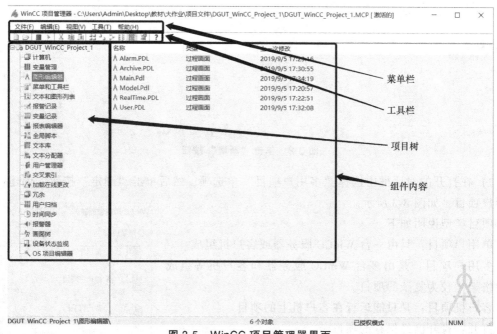

图 3-4 创建新项目

图 3-5 WinCC 项目管理器界面

WinCC 项目管理器说明如下。

菜单栏区域：提供一些操作菜单。

工具栏区域：提供一些编辑工具按钮。

项目树区域：项目树的最上面一行显示了该项目的名称；下面是分支，表示该项目包含的各个功能组件。

组件内容区域：当在项目树区域选中某个功能组件时，该功能组件对应的内容就会显示在组件内容区域。

3.2 组态变量

1）在项目树中选中"变量管理"，右击，选择"打开"命令，如图 3-6 所示。

第3章 项目入门

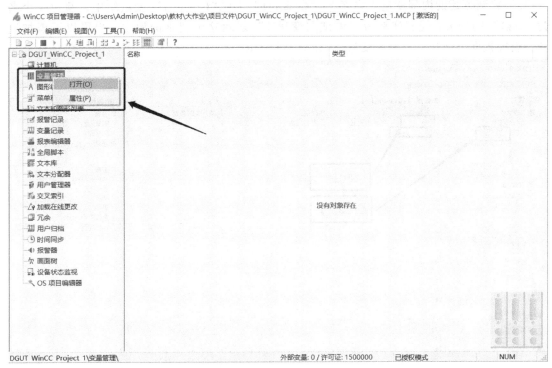

图 3-6 选择"打开"命令

2) 在打开的变量管理器中选中"内部变量",右击,选择"新建组"命令,创建一个新的内部变量组,如图 3-7 所示。

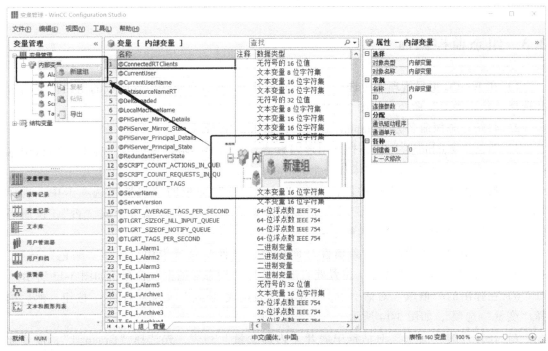

图 3-7 新建变量组

3）将新创建的内部变量组命名为"Group_1",在"Group_1"变量组中,新建一个名为"tag1"的变量,设置注释为"测试用变量1"表示这个变量的用途,也可以不添加注释,设置数据类型为"二进制变量",如图3-8所示。

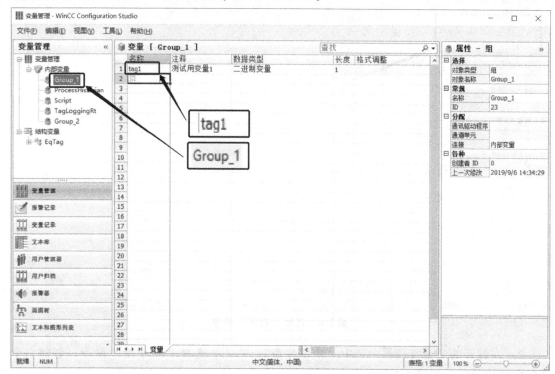

图3-8 新建变量并设置

3.3 组态监控画面

1）在WinCC项目管理器中选择"图形管理器",然后在组件内容区域的空白位置右击并选择"新建画面"命令,如图3-9所示。

2）将新建画面命名为"graphic_1.Pdl",如图3-10所示。

3）双击"graphic_1.Pdl",打开图形编辑器,在图形编辑器右侧的"标准"面板中选择"圆",在左侧的空白区域中添加一个圆对象,如图3-11所示。

4）选中图3-11所示添加的圆,先在"对象属性"面板的"属性"选项卡中,选择"效果"选项,然后单击"全局阴影"后面的静态值"是",静态值会变成"否",按照同样的方法把"全局颜色方案"的静态值设置为"否",如图3-12所示。

5）先选中圆,然后在"对象属性"面板的"属性"选项卡中,选择"颜色"选项,在"背景颜色"对应的"动态"位置处右击,选择"动态对话框"命令,如图3-13所示。

6）在弹出的"值域"对话框中,先单击"表达式/公式"文本框后的 按钮,然后选择"变量"选项,如图3-14所示。

7）在打开的"变量"对话框中展开"内部变量"列表,先选择"Group_1",接着选择"tag1",单击"确定"按钮,如图3-15所示。

图 3-9 选择"新建画面"命令

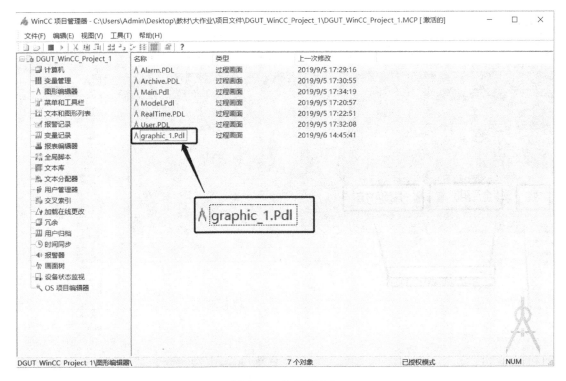

图 3-10 为画面命名

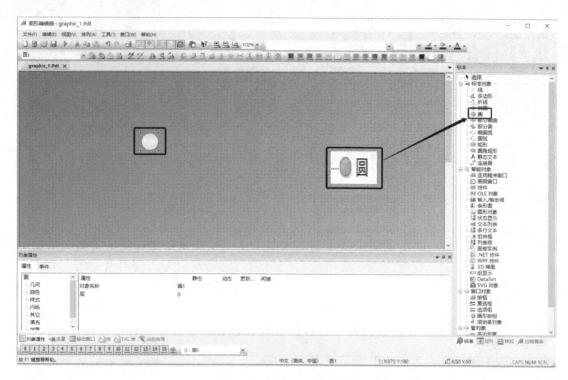

图 3-11　添加一个圆对象

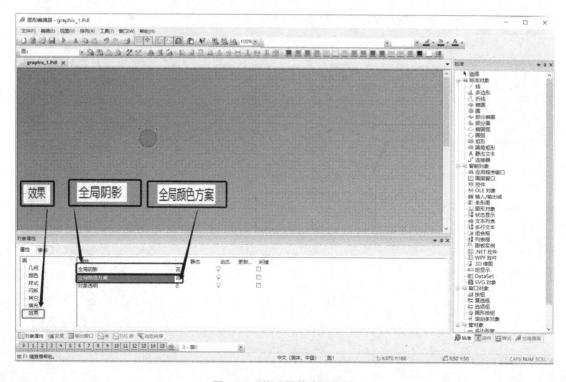

图 3-12　修改圆的全局属性

第3章 项目入门

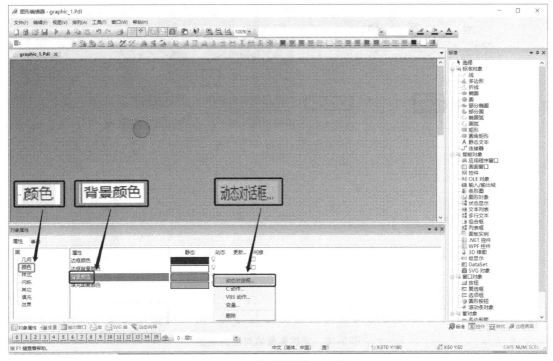

图 3-13 修改圆的颜色属性

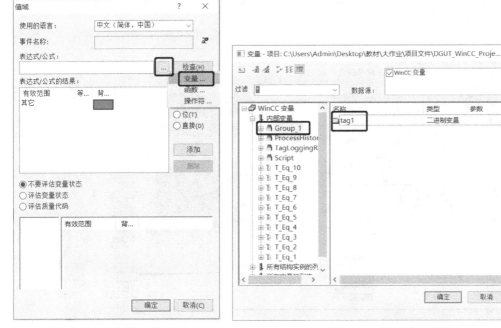

图 3-14 "值域"对话框　　　　　图 3-15 "变量"对话框

8）返回到"值域"对话框后，在右侧选择"布尔型"单选项，在"表达式/公式的结果"列表框中，将"是/真"的背景颜色改为绿色，将"否/假"的背景颜色改为红色，单击"确定"按钮退出，如图 3-16 所示。

033

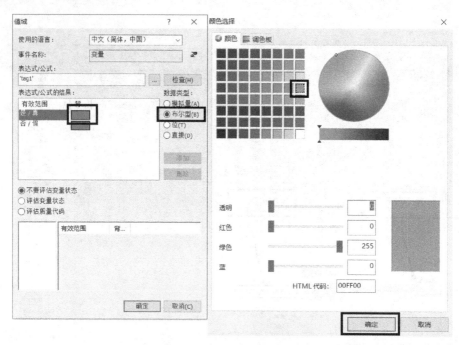

图 3-16　设置变量值对应的颜色

9）在图形编辑器的"标准"面板中选中"按钮"选项，添加一个按钮到组态画面中，在弹出的"按钮组态"对话框的"文本"文本框中输入"更改变量值"，单击"确定"按钮退出，如图 3-17 所示。

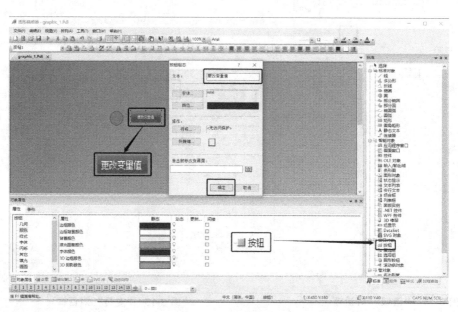

图 3-17　添加一个按钮

10）选中图 3-17 所示添加的按钮，在"对象属性"面板的"属性"选项卡中，选中"鼠标"选项，在"按左键"右侧的"动作"位置右击，选择"VBS 动作"命令，创建一个 VBS 脚本，如图 3-18 所示。

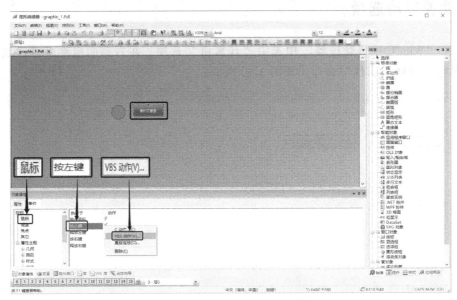

图 3-18　添加一个鼠标 VBS 事件

11）在弹出的"编辑 VB 动作"对话框中，在脚本区域中写入图 3-19 所示的代码，单击"确定"按钮退出。这样就设计了一个按钮，单击一次鼠标左键，tag1 的值就会发生变化，或者从 1 变为 0，或者从 0 变为 1。而当 tag1 的值为 1 时，圆会变成绿色，tag1 的值为 0 时，圆会变成红色。这样，一个简单的监控界面就做好了。

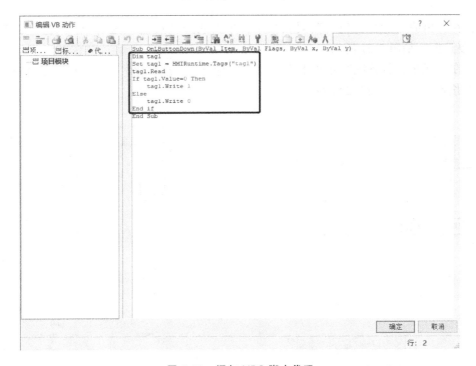

图 3-19　添加 VBS 脚本代码

3.4 设置启动选项

1）在"WinCC 项目管理器"中选中"计算机"选项，在右侧的组件内容区域，右击服务器名称，选择"属性"命令，如图 3-20 所示。

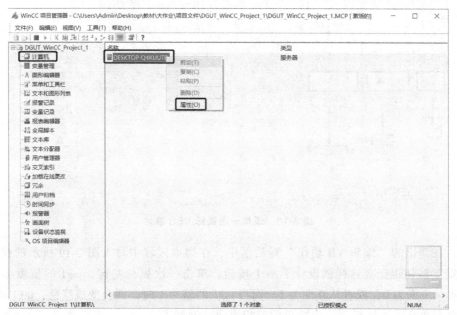

图 3-20 选择"属性"命令

2）在弹出的"计算机属性"对话框中，单击展开"启动"选项卡，勾选"图形运行系统"复选框，如图 3-21 所示。

3）在"图形运行系统"选项卡中，勾选"标题""最大化""最小化"复选框，单击"确定"按钮退出，如图 3-22 所示。

图 3-21 勾选"图形运行系统"复选框

图 3-22 设置窗口属性

3.5 激活项目

1) 在 WinCC 项目管理器中单击左上角的"激活"按钮,激活项目如图 3-23 所示。项目激活过程需要约 1min 的时间。

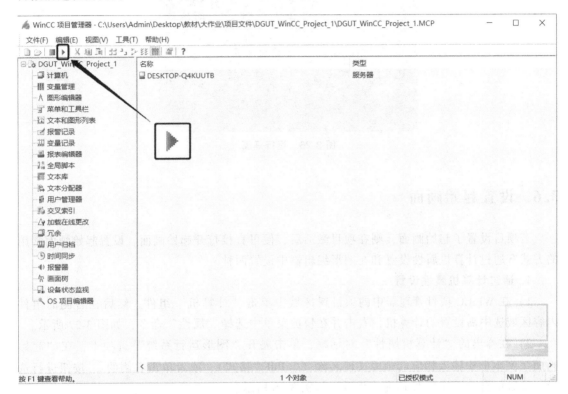

图 3-23 激活项目

2) 项目激活完成后,会弹出图 3-24 所示的"未找到启动画面。"的提示对话框,单击"确定"按钮。

3) 在弹出的"WinCC 运行系统"对话框中选择"graphic_1.Pdl"画面,单击"确定"按钮,就会激活做好的监控画面,如图 3-25 所示。

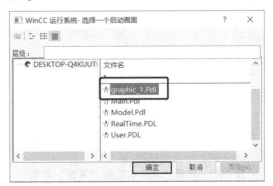

图 3-24 "未找到启动画面"的提示对话框   图 3-25 选择画面

4）重复单击画面中的按钮，可以看到每单击一次按钮，圆的颜色就会变化一次，如图 3-26 所示。这样，一个简单的监控画面就完成了。

图 3-26　运行画面

3.6　设置起始画面

若项目设置了起始画面，则在项目激活后，便可直接打开起始画面。设置起始画面常用的方式有通过计算机属性设置和在图形编辑器中设置两种。

1. 通过计算机属性设置

1）在 WinCC 项目管理器中的项目树区域中单击"计算机"组件，然后在右侧的组件内容区域选中需设置的计算机，右击并在快捷菜单中选择"属性"命令，如图 3-27 所示。

2）在弹出的"计算机属性"对话框，单击展开"图形运行系统"选项卡，在"起始画面"文本框中输入相应的画面文件名称（". Pdl"格式），或者单击右侧的 … 按钮进行选择，最后单击"确定"按钮完成设置，如图 3-28 所示。

图 3-27　选择"计算机"的"属性"命令

图 3-28　通过"计算机属性"对话框设置起始画面

2. 在图形编辑器中设置

在 WinCC 项目管理器的项目树区域中单击"图形编辑器"组件，然后在右侧的组件内容区域将显示当前项目的所有画面（".Pdl"文件），右击所期望的画面，并选择"将画面定义为启动画面"命令，如图 3-29 所示。

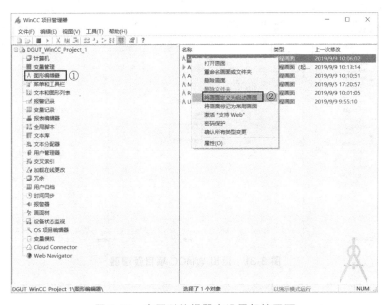

图 3-29 在图形编辑器中设置起始画面

3.7 退出系统

1）当项目不再运行时，建议先取消激活项目。在 WinCC 项目管理器中，单击左上角的"取消激活"按钮，如图 3-30 所示。取消激活过程约需要 1min。

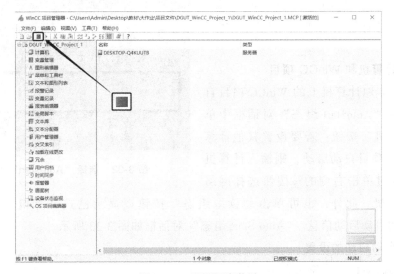

图 3-30 项目取消激活

2）单击 WinCC 项目管理器右上角的"关闭"按钮，在弹出的对话框中单击"退出"按钮，退出 WinCC 项目管理器，如图 3-31 所示。

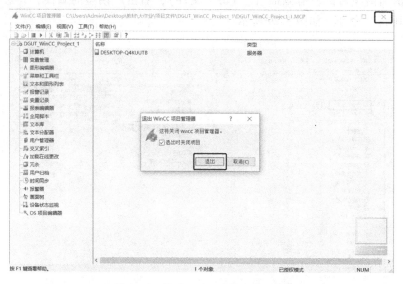

图 3-31　退出 WinCC 项目管理器

3.8　设置自动启动

当 WinCC 项目投入使用之后，可以设置在操作系统启动并登录，以便直接进入 WinCC 运行系统，无须打开 WinCC 项目管理器，从而避免操作员在组态环境下的误操作。

在 Windows "开始"菜单中选择"Siemens Automation"→"Autostart"选项，如图 3-32 所示，系统将弹出"AutoStart 组态"对话框。系统默认显示本地计算机的自动启动设置。

1. 选择计算机和 WinCC 项目

若要设置本地计算机上的 WinCC 项目自动启动，则在"AutoStart 组态"对话框中单击"本地计算机"按钮；若要设置其他计算机上的 WinCC 项目自动启动，则输入计算机名称，或者通过单击右侧的 按钮选择网络

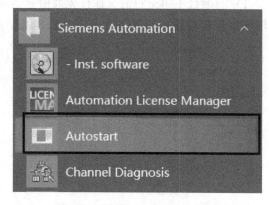

图 3-32　选择"Autostart"选项

路径中的计算机。此外，也可单击"读取组态"按钮以显示已选计算机当前已组态的 WinCC 项目的自动启动信息。"Auto Start 组态"对话框如图 3-33 所示。

2. 组态自动启动的设置

组态自动启动相关选项见表 3-1。

图 3-33 "AutoStart 组态"对话框

表 3-1 组态自动启动相关选项

自动启动设置	Windows 系统启动时的动作
自动启动激活	①WinCC 启动 ②在 WinCC 项目管理器中打开项目 ③如果上次退出时已激活项目,则运行系统启动
启动时激活项目	①WinCC 启动 ②WinCC 项目管理器不打开 ③在运行系统中启动项目 如果在客户机的自动启动组态中选中"启动时激活项目"复选框,而同时该服务器在网络中存在且可用,则会先激活该服务器项目,随后再激活客户机项目
激活时允许"取消"	如果项目已在运行系统中启动,则可以使用"取消"按钮将其取消激活
不含自身项目的客户端:登录/密码	①WinCC 启动 ②打开 WinCC 项目时,应用"多用户项目"中的系统设置 ③使用相应的 WinCC 用户和密码自动登录
Windows 用户自动登录	①WinCC 启动 ②打开 WinCC 项目时,应用"多用户项目"中的系统设置 ③使用相应的 Windows 用户自动登录
备选/冗余项目	如果希望以自动启动的方式启动有冗余服务器的客户端,则需要将备选/冗余项目输入自动启动组态中。如果主服务器不可用,则备用服务器项目将随后启动

3. 取消自动启动设置

在"AutoStart 组态"对话框中取消选择"自动启动激活"和"启动时激活项目"复选框,则选中的 WinCC 项目将从自动启动的项目中删除,但项目路径仍然在"WinCC 项目"文本框中保留,单击"删除输入字段"按钮可完全清除 WinCC 项目的自动启动设置。

习 题

1. 创建一个项目,设置一个启动画面,画面功能实现如下。

(1) 创建一个矩形 A，要求可以由两个变量的数值大小去控制矩形的长度和宽度。

(2) 创建一个矩形 B，要求可以由一个变量的数值大小去控制矩形的显示颜色。

(3) 创建一个正方形 C 并编写脚本，要求：当边长≤30 时（这里不考虑单位），正方形的显示颜色为黄色；当 30<边长≤50 时，正方形的显示颜色为绿色；当边长>50 时，正方形的显示颜色为红色。

2. 创建一个项目，并且创建一个启动画面，画面功能要求如下。

创建一个圆形，并且创建一条直线（设定直线起始点为 A 点，结束点为 B 点），要求可以由一个变量的数值大小去控制圆形在该直线上的移动，如果圆形到达结束点 B，则圆形返回起始点 A。

第 4 章

变量管理器

4.1 变量管理器介绍

变量管理器用于编辑及管理项目所有变量。所谓变量,是指一段有名字的连续存储空间,该空间用于存放变量值。比如本项目的"tag1"变量,"tag1"就是这个变量的名字,tag1 对应的值"0"和"1"就是变量值。在 WinCC 中,变量名具有唯一性,不能存在同名的两个变量。

WinCC 中的变量主要分为外部变量、内部变量、结构变量 3 种。外部变量指的是 WinCC 系统通过通信驱动程序从外部获取的变量,每一个外部变量都映射一个外部系统的变量;内部变量与外部变量相反,指的是在 WinCC 内部定义的变量,不需要与外部系统变量相互映射;结构变量指的是由用户自定义的变量类型。

WinCC 变量管理器主要分为 6 个区域:菜单栏区域、变量树区域、其他组件区域、变量列表区域、对象属性区域、状态栏区域,如图 4-1 所示。

图 4-1 变量管理器界面布局

1) 菜单栏区域与 Windows Office 的风格相似，拥有一些常见的操作菜单。
2) 变量树区域包含了 WinCC 的所有变量，可以在这里进行编辑变量组的操作。
3) 其他组件区域提供进入不同的 WinCC 组件管理器的按钮。
4) 变量列表区域显示了该变量组的所有变量，可以在这里进行编辑变量的操作。
5) 对象属性区域显示被选中对象的相关属性，可以在这里对这些属性值进行修改。
6) 状态栏区域显示变量管理的状态、版本和窗口的比例调整条。

4.2 编辑变量

首先进行内部变量的编辑。

1) 在变量管理器中选中"内部变量"，右击，选择"新建组"命令，创建一个名为"Group_2"的变量组，建议每一个变量都属于一个变量组，便于管理，如图 4-2 所示。

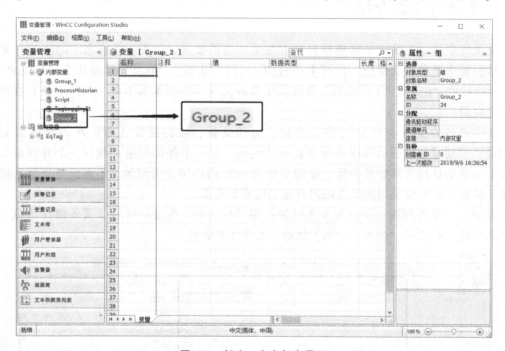

图 4-2 新建一个内部变量组

2) 选中"Group_2"，在变量列表区域的第一行，添加一个名为"tag2"的变量，设置注释为"测试用变量 2"，以表示这个变量的实际意义，如图 4-3 所示。

3) 选中第一行，在对象属性区域内修改数据类型为"二进制变量"，如图 4-4 所示。当然，也可以修改该变量的其他属性。

4) 变量列表区域类似 Excel，支持一些拖动操作。选中第一行的"名称""注释""数据类型"对应的 3 个单元格，然后把鼠标指针移动到单元格右下角的位置，指针会变成黑色十字，如图 4-5 所示。按住鼠标左键不放，往下拖动 5 行，就可以创建出具有相同属性的 5 个变量。它们除了变量名不同外，其他的属性均相同。使用这种方式可以快速建立大量的同属性变量，如图 4-6 所示。

第4章 变量管理器

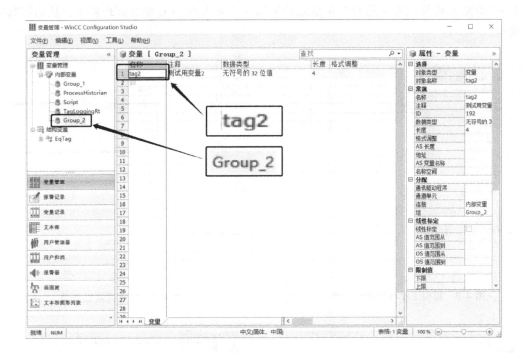

图 4-3 新建一个内部变量

图 4-4 修改内部变量的数据类型

5) 此外,可以将变量列表区域的信息导入或导出至 WinCC。在菜单栏中选择"编辑"→"导出"命令,如图 4-7 所示,接着在弹出的"导出"对话框中设置保存的路径、名称和类型,单击"确定"按钮完成将变量导出为 Excel 文档的操作,如图 4-8 所示。同样,可以利用 Excel 高效的编辑功能来进行变量信息的编辑，再导入 WinCC 变量管理器中，从而提高工作效率。

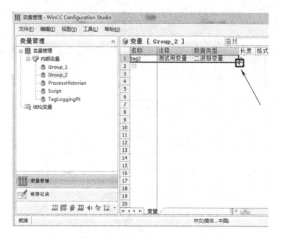

图 4-5　类似 Excel 的操作风格

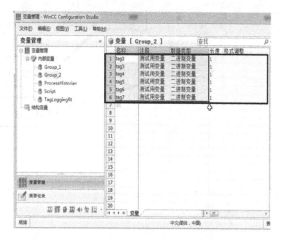

图 4-6　创建同属性变量

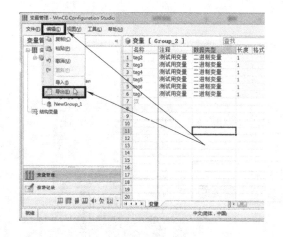

图 4-7　选择"编辑"→"导出"命令

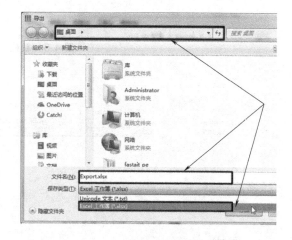

图 4-8　将变量导出为 Excel 文档

4.3　外部变量与通信协议

WinCC 中的外部变量指的是 WinCC 通过自身集成的通信协议与外部控制系统进行数据交互的变量。WinCC 是按照外部变量点数进行授权的，通过脚本进行采集的数据可以用内部变量进行关联，不需要占用外部变量点数。

在变量管理器中，右击"变量管理"并选择"添加新的驱动程序"命令，即可看到 WinCC 自带的所有通信协议，如图 4-9 所示。这些通信协议可以分成 3 类：西门子自动化系统的通信协议、其他品牌常见的控制系统通信协议、标准的通信协议。

西门子自动化系统的通信协议包括 SIMATIC S7 Protocol Suite；SIMATIC S7-1200，S7-1500 Channel；SIMATIC S5 Serial 3964R；SIMATIC S5 Programmers Port AS511；SIMATIC S5

第4章 变量管理器

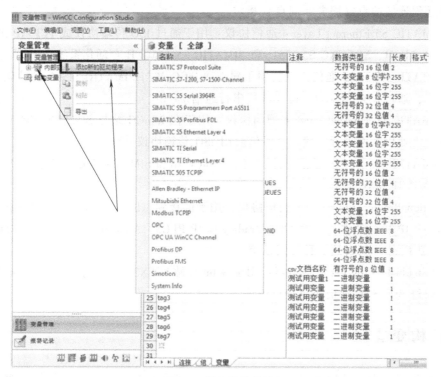

图 4-9 添加通信协议

Profibus FDL；SIMATIC S5 Ethernet Layer 4；SIMATIC TI Serial；SIMATIC TI Ethernet Layer 4；SIMATIC 505 TCPIP。其他品牌的常见控制系统的通信协议包括 Allen Bradley-Ethernet IP；Mitsubishi Ethernet。常见的标准通信协议包括 Modbus TCPIP；OPC；OPC UA WinCC Channel；Profibus DP；Profibus FMS；Simotion；System Info。

1) SIMATIC S7 Protocol Suite 通信协议：主要用于与西门子 S7-300、S7-400 两种系列的 PLC 进行通信。针对这两种 PLC，WinCC 提供了多种通信方式，包括 MPI、Profibus、Industrial Ehernet、Slot PLC、TCP/IP、Profibus（Ⅱ）、Industrial Ethernet（Ⅱ）、Named Connections、Soft PLC。

2) SIMATIC S7-1200，S7-1500 Channel 通信协议：专门用于西门子 S7-1200 和 S7-1500 两种系列的 PLC。利用这个通信协议，只需要简单地配置连接参数，就可以将 PLC 的变量批量地导入变量管理器中。

3) SIMATIC S5 Serial 3964R 通信协议：用于使 WinCC 站与 SIMATIC S5 自动化系统之间实现串行连接。

4) SIMATIC S5 Programmers Port AS511 通信协议：用于通过 TTY 接口与 SIMATIC S5 自动化系统进行串行连接。

5) SIMATIC S5 Profibus FDL 通信协议：用于 WinCC 站与 SIMATIC S5 自动化系统之间的通信。在这种情况下，采用网络类型 Profibus（过程现场总线）和协议 FDL（现场数据链接层）。使用请求和响应报文来完成采用 FDL 协议的、通过 Profibus 进行的读/写变量操作。请求报文将被从 WinCC 发送至自动化设备，自动化设备以响应报文进行回答。FDL 连接通过本地和远程连接端点（服务访问点）指定。

6）SIMATIC S5 Ethernet Layer 4 通信协议：用于通过 ISO 传输协议或 TCP/IP 来连接 SIMATIC S5-115U/H、SIMATIC S5-135U 和 SIMATIC S5-155U/H 自动化系统。

7）SIMATIC TI Serial 通信协议：用于建立 WinCC 站与 SIMATIC TI505 自动化设备之间的串行连接，通过 TBP 或 NITP 协议进行串行通信。

8）SIMATIC TI Ethernet Layer 4 通信协议：用于在 WinCC 站与 SIMATIC TI505 自动化系统之间通过工业以太网进行连接，其通信使用 ISO 传输协议处理。

9）SIMATIC 505 TCPIP 通信协议：用于 WinCC 站和 SIMATIC 505 自动化系统之间的通信，使用 TCP/IP 协议进行通信。

10）Allen Bradley-Ethernet IP 通信协议：用于链接到 Allen Bradley 自动化系统。其通信使用 Ethernet IP 协议处理，支持 Allen Bradley E/IP PLC5、Allen Bradley E/IP SLC50x、Allen Bradley E/IP ControlLogix 这 3 种控制系统。

11）Mitsubishi Ethernet 通信协议：用于 WinCC 站与 FX3U 和 Q 系列 Mitsubishi 控制器间的通信。通过 MELSEC 通信协议进行通信。

4.4 结构变量

WinCC 还可以创建结构变量。所谓结构变量，就是用户自己定义的结构类型，结构变量创建如图 4-10 所示。它是变量类型的集合，可以包含浮点型、整型、布尔型等。

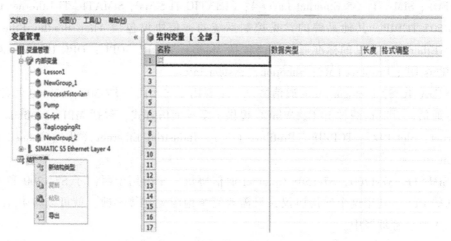

图 4-10 结构变量创建

如图 4-11 所示，可以先建立一个"Motor"结构变量，在"结构类型元素"选项卡中添加"Actual_Speed"（无符号 16 位值）、"on_off"（二进制变量）、"Set_Speed"（无符号 16 位值）3 个元素。

在"结构变量"选项卡中创建"Motor1""Motor2""Motor3"这 3 个结构变量，将数据类型均设置为"Motor"，如图 4-12 所示，然后在"结构变量元素"选项卡中便会自动生成相对应的标签。

第4章 变量管理器

图 4-11　结构类型元素创建

图 4-12　结构变量"Motor1""Motor2""Motor3"创建

4.5 变量仿真器

WinCC 自带了一个变量仿真器 WinCC TAG Simulator（图 4-13），用于对 WinCC 的变量值进行模拟仿真。使用者可以通过变量仿真器便捷地进行与变量值相关的功能开发，提高开发效率，变量仿真器界面如图 4-14 所示。

图 4-13 变量仿真器

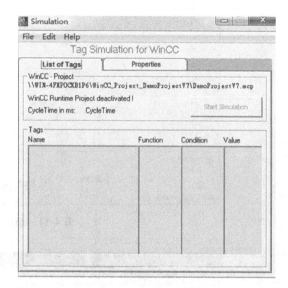

图 4-14 变量仿真器界面

在变量仿真器中选择"Edit"→"New Tag"命令，如图 4-15 所示。在弹出"变量"对话框中选择一个变量，如"tag1"，如图 4-16 所示。

图 4-15 选择"Edit"→"New Tag"命令

图 4-16 选择变量

变量仿真器提供了 6 种变量值的仿真模式：Sine（三角函数 sin）、Oscillation（振荡）、Random（随机）、Inc（递增）、Dec（递减）、Slider（滑动条），如图 4-17 所示。变量管理器可以同时仿真多个变量。

1）在 Sine（三角函数 sin）模式下，变量值会像正弦函数一样变化。设置正弦函数的振幅、零点、周期，勾选"active"复选框可激活仿真。所有模式下的仿真都要勾选"active"复选框才能激活，如图 4-18 所示。

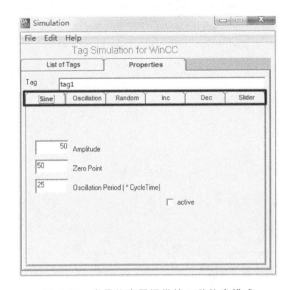

图 4-17 变量仿真器提供的 6 种仿真模式

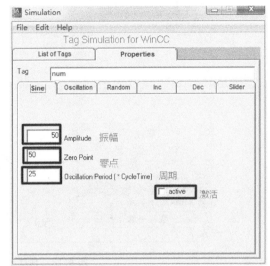

图 4-18 Sine 模式参数设置

2）在 Oscillation（振荡）模式下，变量值会像振动波一样变化。

3）在 Random（随机）模式下，变量值会是设定好的上、下限范围内的某个随机数。

4）在 Inc（递增）模式下，变量值会按照设定好的上、下限和递增值，从下限逐步递增到上限。

5）在 Dec（递减）模式下，变量值会按照设定好的上、下限和递减值，从上限逐步递减到下限。

6）在 Slider（滑动条）模式下，变量值会按照设定好的上、下限，随着滑动条的滚动而改变。

下面介绍一个实例。

1）在变量管理器中创建一个新的变量"tag2"，如图 4-19 所示。

2）在变量仿真器中添加变量"tag2"的仿真，选择"Inc"模式，输入 Start Value（开始值）为"0"，Stop Value（结束值）为"100"，勾选"active"复选框，如图 4-20 所示。

3）在图形编辑器中新建一个名为"graphic_2.Pdl"的画面，并双击将其打开。

4）在画面中添加一个输入/输出域，设置变量为"tag2"、更新为"有变化时"，如图 4-21 所示。

5）保存画面，并激活项目。

工业数据采集与管理系统（上册）

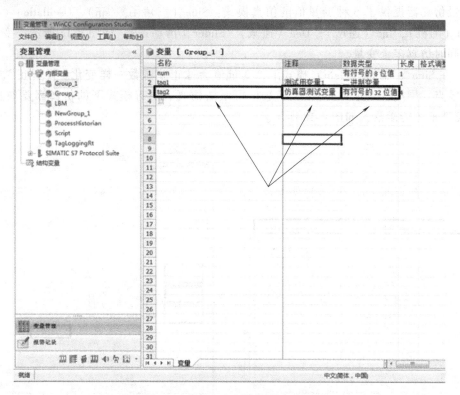

图 4-19 创建一个新的变量"tag2"

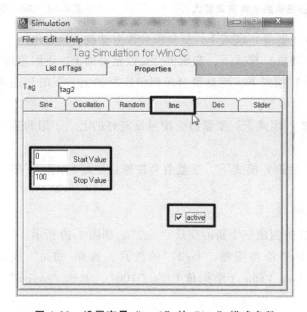

图 4-20 设置变量"tag2"的"Inc"模式参数

6）在变量仿真器中单击展开"List of Tags"选项卡，单击"Start Simulation"按钮，开始变量仿真，如图 4-22 所示。

7）可以看到，监控画面中输入/输出域的值逐步递增，如图 4-23 所示。

第4章　变量管理器

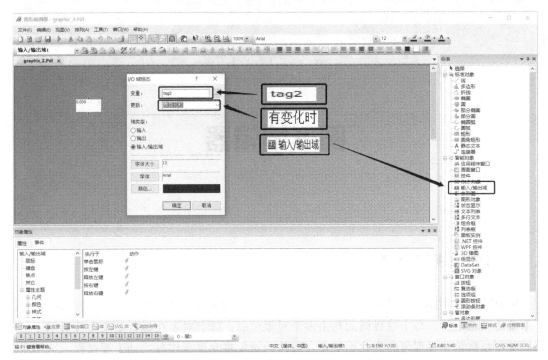

图 4-21　在图形编辑器中添加一个输入/输出域

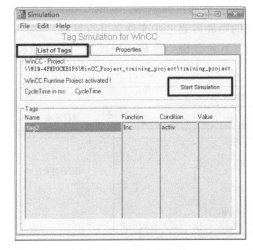

图 4-22　开始变量仿真

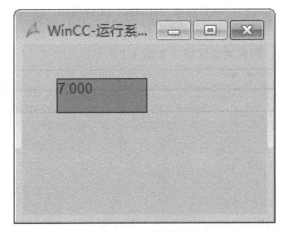

图 4-23　变量监控

习　题

创建一个循环彩灯项目，画面功能实现如下。
(1) 在画面中创建 7 个大小相同的圆对象，要求水平间距相等。
(2) 新建一个无符号 32 位的内部变量。
(3) 将新建变量与 7 个圆的背景颜色绑定，设置每个圆的背景颜色都对应不同的数值。
(4) 在变量仿真器中模拟该变量运行，使 7 个圆循环闪亮，形成循环彩灯效果。

第5章

图形编辑器

5.1 图形编辑器介绍

WinCC 的图形编辑器是创建过程画面并使其动态化的编辑器。此编辑器是 WinCC 中图形系统的组态组件。每个过程画面均由多个对象组成：静态对象在运行系统中保持不变；动态对象将根据单个过程值的变化而变化；可控的对象将允许操作员主动干预过程。这些对象包括按钮、滚动条或用于输入某些过程参数的 I/O 域（输入/输出域）。项目通常由几个过程画面组成。每个过程画面都显示不同的过程步骤或显示特殊的过程数据。WinCC 项目所创建的画面保存在项目目录"GraCS"文件夹中，项目之间的画面可通过此文件夹进行复制。

图形编辑区主要分为 5 个区域：菜单栏区域、工具栏区域、图形编辑区域、对象属性区域、图形对象区域，如图 5-1 所示。

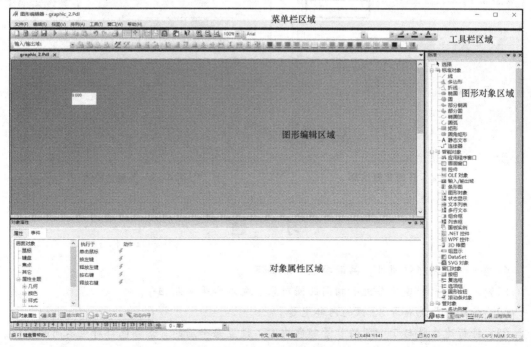

图 5-1　图形编辑器界面布局

5.2 创建图形对象

从图形对象区域可以看出，图形对象分为了4种：标准对象、智能对象、窗口对象和管对象。

1) 标准对象包含线条、图形、文字等静态图形对象，如线、多边形、椭圆、圆、矩形、静态文本等。

2) 智能对象包含多种动态图形对象，可以根据不同的数据进行相应的处理。智能对象是WinCC中非常有用的一类图形对象，如应用程序窗口、画面窗口、OLE对象、输入/输出域、3D棒图、组显示等。

3) 窗口对象包含窗口中常见的按钮、复选框、选项组、滚动条对象。

4) 管对象包含用于流程行业项目的液体流动的载体——管对象，如多边形管、T形管、双T形管、管弯头等。

注意：以上介绍的图形对象均为图形对象区域的"标准"选项卡中的图形对象，如图5-2所示。"控件""样式""过程画面"选项卡包含其他功能，会在后续进行介绍。

图5-2 "标准"选项卡

下面通过一些实例介绍创建图形对象的方法和步骤。

1. 创建标准对象

1) 添加一个静态文本，输入"变量tag2的值："。在对象属性区域的"属性"选项卡中，选中"静态文本"下的"效果"选项，将"全局阴影"和"全局颜色方案"的值设置为"否"，如图5-3所示。

2) 选中颜色选项，将"边框颜色"和"背景颜色"均设置为透明，如图5-4所示。用户可通过拖动"颜色选择"对话框中"透明"滑块来调整透明度。

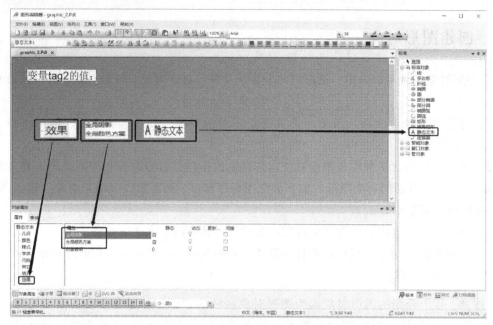

图 5-3　添加一个静态文本并设置属性

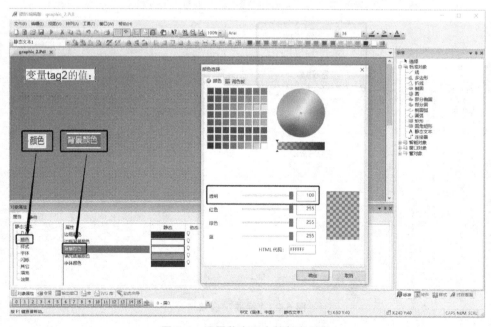

图 5-4　设置静态文本的颜色属性

3）保存画面，运行，如图 5-5 所示。

2. 创建智能对象

1）在画面中添加一个输入/输出域，将其关联到变量"tag2"中，设置更新为"有变化"时，如图 5-6 所示。

2）保存画面。

图 5-5　运行包含静态文本的画面

第5章 图形编辑器

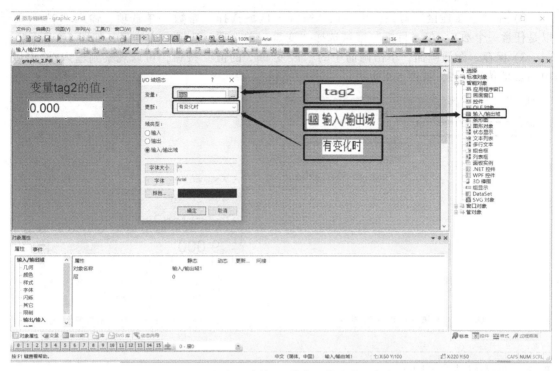

图 5-6 添加一个输入/输出域并关联到变量

3. 创建窗口对象

1)在画面中添加一个按钮,在对象属性区域的"事件"选项卡中,选中"鼠标"选项,将"按左键"设置成"直接连接"模式,如图 5-7 所示。

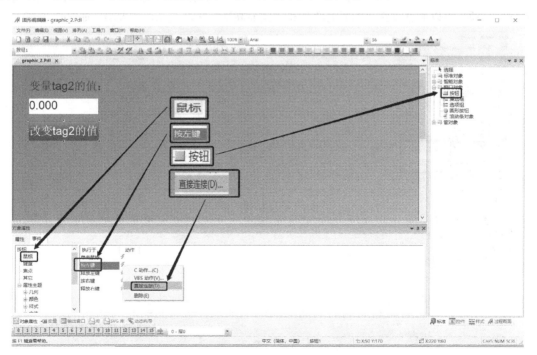

图 5-7 添加一个按钮并设置动作

2)在"直接连接"对话框中,在"来源"区域选择"常数"单选项,输入"9"(可以是任意一个数)。在"目标"区域选择"变量"单选项,选择tag2变量,如图5-8所示。

3)保存,激活画面,单击画面中的"改变tag2的值"按钮,可以观察到输入/输出域中tag2的值变为9,如图5-9所示。

图5-8 配置按钮的关联事件

图5-9 运行画面及单击按钮结果

5.3 编辑图形对象

下面通过实例介绍对几种常用典型图形对象进行编辑的方法和步骤。

1. 设置画面属性

新建画面后,单击画面就可以看到画面的属性,在对象属性区域的"属性"选项卡中,选中"几何"选项,可以通过改变"画面宽度"和"画面高度"来改变画面的大小,如图5-10所示。

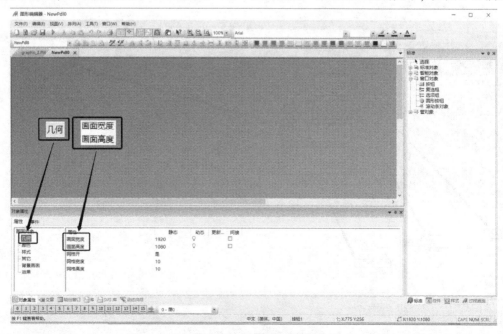

图5-10 设置画面属性

2. 编辑画面窗口

（1）编辑画面名称　画面窗口对象是智能对象中的一种，其主要作用是可以在本画面中显示其他所建画面，只需设置"画面名称"为想要显示的画面名称，如图 5-11 所示。

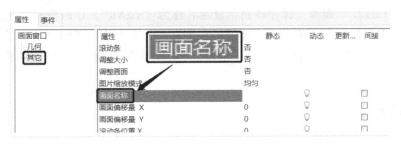

图 5-11　设置画面窗口的画面名称

（2）运行画面窗口　建立一个"NewPdl1"画面，在其中添加一个画面窗口。再新建一个画面并命名为"WINCC"，所建"WINCC"画面的大小最好与"NewPdl1"中画面窗口的大小保持一致，在"WINCC"画面中添加一个按钮和一个圆，如图 5-12 所示，保存后关闭。双击"NewPdl1"中画面窗口中的"画面名称"，选中刚才所建的"WINCC"画面，运行效果如图 5-13 所示。

图 5-12　新建"WINCC"画面

（3）利用结构变量实现批量创建　可以利用画面窗口对象来完成某些重复性工作。例如若要对数十个水箱进行控制，每个水箱都有一个进水按钮、一个排水按钮及一个水罐，那么可以运用画面窗口对象快速地实现数十个水箱的绘制。

首先按照第 4 章介绍的方法建立结构变量，如图 5-14 所示。

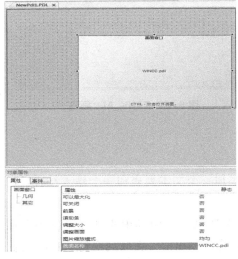

图 5-13　画面窗口运行效果

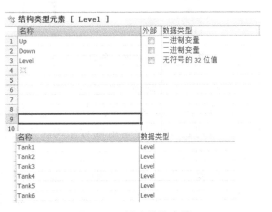

图 5-14　新建结构变量

然后新建一个画面（注意是画面，不是画面窗口），将大小设置为 200 像素×200 像素，并添加控件。然后把水箱的 Process 属性与 Level 变量连在一起，分别为进水与排水添加 C 脚本，单击一次进水按钮加 2，单击一次排水按钮减 1，如图 5-15 所示。关联完毕后，把变量名的前缀"Tank1."删除，保存画面，设置名称为"TANK"。C 函数"SetTagDWord（a，b）"的作用就是把 b 的值赋给 a，a 必须是在变量管理器中建立的变量，b 是常数；函数"GetTagDWord（c）"的作用就是获得 c 的值，c 必须是在变量管理器中建立的变量。

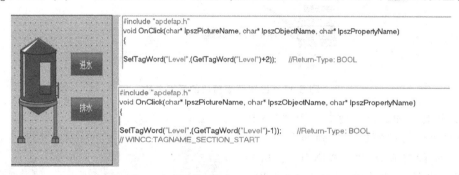

图 5-15　新建画面与实现功能的 C 脚本

新建画面，命名为"TANK_ALL"，添加 6 个画面窗口，画面窗口的大小与之前一样。在对象属性区域的"属性"选项卡中，"画面名称"均选择之前保存的画面"TANK"，在"变量前缀"中写上各自的前缀，从"Tank1."依次写到"Tank6."，数字后的点不能省去，如图 5-16 所示。TANK_ALL 画面如图 5-17 所示。

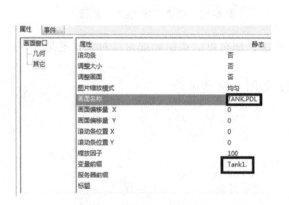

图 5-16　画面窗口属性设置

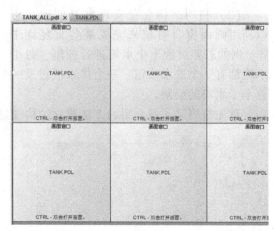

图 5-17　TANK_ALL 画面

运行后，6 幅画面可以独立控制，如图 5-18 所示。

3. 编辑——文本列表、输入/输出域和组合框

文本列表和输入/输出域对象均属于智能对象。添加一个文本列表和一个输入/输出域，如图 5-19 所示。

在对象属性区域的"属性"选项卡中双击"分配"选项，向其中添加 3 个文本，如图 5-20 所示，单击"确定"按钮返回对象属性区域；将"输出值"关联到变量"Test"，数据类型为无符号 32 位。再对画面中的输入/输出域进行设置，使其与变量"Test"关联起

来。运行画面，可以观察到，如果改变文本列表所选文本，那么输入/输出域显示的输出值会变化；如果改变输入/输出域的值，那么文本列表显示的文本也会跟着改变。

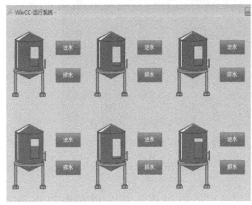
图 5-18　运行画面

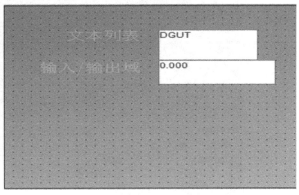
图 5-19　添加文本列表和输入/输出域

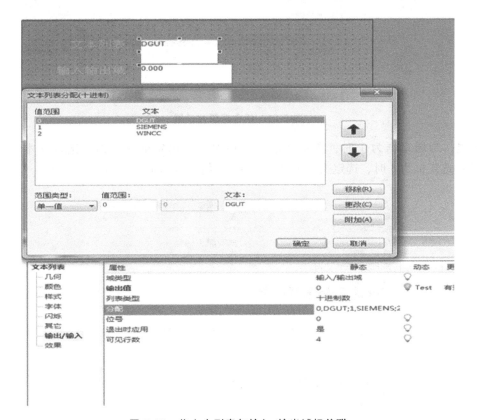
图 5-20　将文本列表与输入/输出域相关联

为实现上述功能，也可用组合框和静态文本对象来完成。向画面添加一个组合框，向组合框里添加所需的项，需在对象属性区域"其它"的"选定文本"属性中添加所设定文本。如图 5-21 所示，当前所输入的文本是选定框为"1"的文本；把选定框改为"2"，接着输入选定文本；以此类推。

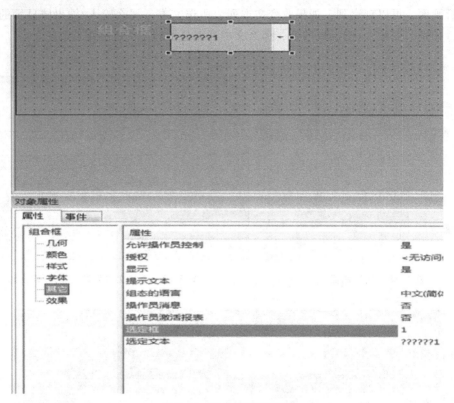

图 5-21 组合框属性设置

这里,当选定框为 1 时,选定文本为"DGUT";选定框为 2 时,选定文本为"SIEMENS";选定框为 3 时,选定文本为"WINCC"。组合框添加项如图 5-22 所示。

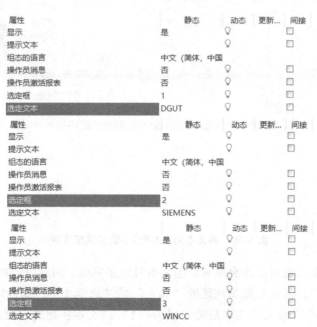

图 5-22 组合框添加项

接下来验证组合框中项的切换会有什么改变。向画面添加两个静态文本，如图 5-23 所示。

图 5-23　添加两个静态文本

单击组合框，在对象属性区域中单击展开"事件"选项卡，然后选中"其它"下的"选定框"选项，如图 5-24 所示，右击"动作"属性，选择"直接连接"命令，打开"直接连接"对话框。

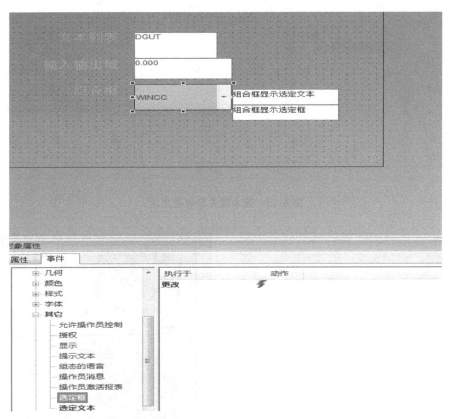

图 5-24　设置组合框动作事件

在"直接连接"对话框中进行设置，将组合框与静态文本相关联，如图 5-25 所示。运行画面，可以观察到当组合框选择为"DGUT"时，所反馈的选定文本为"DGUT"，选定项为"1"，如图 5-26 所示。利用这一点，人们可以通过组合框的选择来实现画面及功能的切换。

4. 编辑复选框和选项组

复选框和选项组对象均属于窗口对象。在复选框中，用户可以勾选多个选项；而在选项组中，必须而且只能选择其中一个选项，如图 5-27 所示。

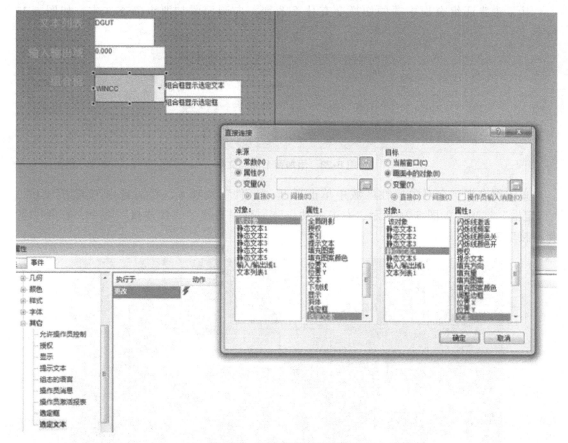

图 5-25　组合框关联静态文本

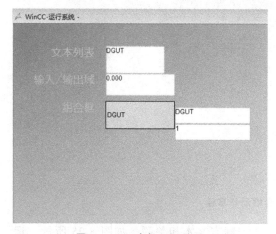

图 5-26　组合框运行结果

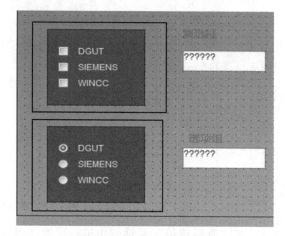

图 5-27　复选框与选项组

复选框和选项组均可通过在对象属性区域中改变"字体"→"索引"属性来增加对象的选项，选择"索引"属性后就能改变文本的内容，文本与索引是一一对应的关系，如果需要更多的选项，则可按照顺序添加索引。

如图 5-28 所示，新建画面，向其中添加复选框和选项组，并添加两个静态文本，用于验证选择结果。

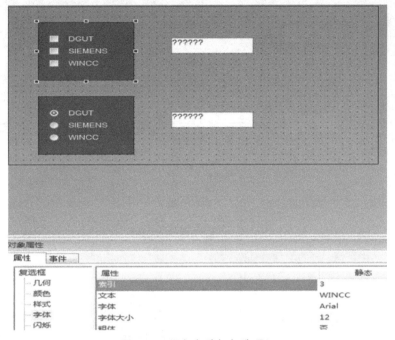

图 5-28　添加复选框与选项组

单击复选框,查看其"输出/输入"→"选择框"属性,发现其静态值为 0,说明组合框在初始化的情况下没有选项被选择。双击"选择框"选项,则在弹出的对话框中显示了 0~31。选项 1 就是全为 0,选项 2 就是第 1 位为 1,选项 3 就是第 2 位为 1,以此类推,在一个复选框内最多添加 32 个选项,如图 5-29 所示。

接下来验证选择与反馈值是否会参照如上所述规律。选中复选框,在"事件"选项卡中选中"输出/输入",右击"动作属性"后选择"直接连接"命令,将该对象的输出与静态文本的文本属性相关联,如图 5-30 所示。

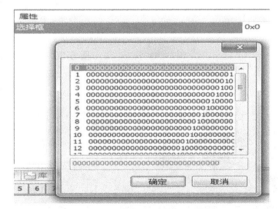

图 5-29　复选框的"选择框"设置

运行画面,结果如图 5-31 所示。当选中第 1 项时值为 1,当选中 1、2 项时值为 3,当选中 1、2、3 项时值为 7,则复选框框的输出值是按照 2^0 ~ 2^{31} 依次排列并依次相加得出结果的。知道了反馈值代表的含义,就可以将反馈值的大小作为条件去执行需要的动作。

选中选项组,观察其"选择框"属性,则发现静态值从 1 开始,如图 5-32 所示,证明了前面所介绍的选项组必须而且只能选中一项,不像复选框那样可以一项都不选。

选项组的输入与输出与复选框一样,不过由于只能选择一项,因此它的数值只会出现 1、2、4、8 等,如图 5-33 所示。

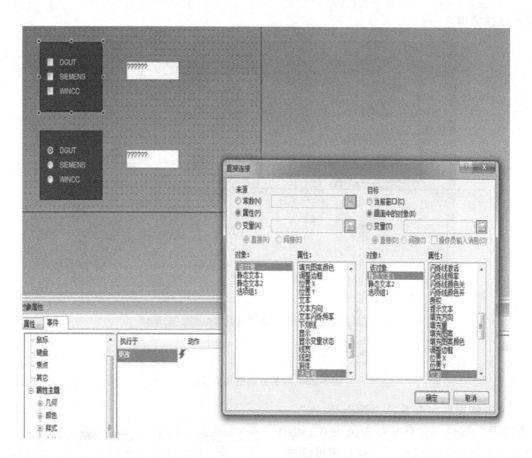

图 5-30 复选框关联静态文本

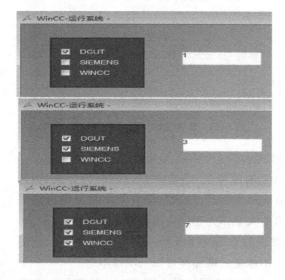

图 5-31 复选框的运行结果

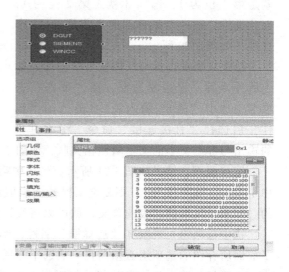

图 5-32 选项组"选择框"属性

图 5-33 选项组的运行结果

5.4 控件对象

图形对象区域的"控件"选项卡提供了很多控件对象,主要包含 WinCC 自带的一些智能控件,同时,也可以导入一些 Windows 系统的控件,如图 5-34 所示。

1) WinCC AlarmControl 控件:用于显示 WinCC 的报警信息。

2) WinCC BarChartControl 控件:用柱状图的方式显示数据。

3) WinCC Digital/Analog Clock Control 控件:用于进行一些事件分析。

4) WinCC Function TrendControl 控件:用趋势图的方式显示数据。

5) WinCC Gauge Control 控件:用仪表盘的方式显示数据。

6) WinCC Media Control 控件:用于播放视频等多媒体资源。

7) WinCC OnlineTableControl 控件:用表格的方式显示数据。

图 5-34 控件对象

8) WinCC OnlineTrendControl 控件:用趋势图的方式显示数据。

9) WinCC RulerControl 控件:用表格的方式显示数据。

10) WinCC Slider Control 控件:用棒状图的方式显示数据。

11) WinCC SysDiagControl 控件:用于 WinCC 的运行过程诊断,当脚本执行错误时,会将错误信息显示在该控件中。

12) WinCC UserAdminControl 控件:用于显示当前用户的操作情况。

13) WinCC UserArchiveControl 控件:用于显示归档数据。

14) WinCC WebBrowser Control 控件：用于载入网页。

5.5 对象属性

WinCC 的对象属性分为两类：属性和事件。属性用于定义对象的属性，如大小、颜色、位置等；而事件主要用于定义操作事件，如鼠标左键单击对象、右键单击对象、松开左键等。

在对象属性区域的"属性"选项卡中，"几何"是用于设置对象的位置和大小的。属性的值通常是静态的，但也可以设置成动态的。例如，选中"宽度"，右击"动态"并选择"变量"命令，关联到"tag2"，就可以将属性值设置为动态的，如图 5-35 所示。

"颜色"是用于编辑对象颜色的，包括对象的边框颜色、背景颜色、填充图案颜色等属性，如图 5-36 所示。

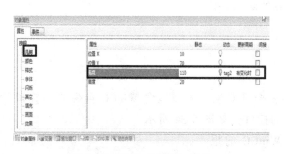

图 5-35 对象"几何"属性

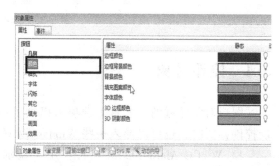

图 5-36 对象"颜色"属性

"字体"是用于设置对象中的文本属性的，如字体大小、粗体、文本方向等属性，如图 5-37 所示。

"闪烁"是用于设置一些需要闪烁显示的对象的，如线、背景、文本等，如图 5-38 所示。

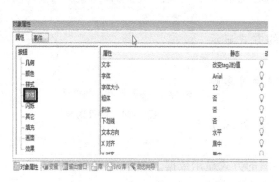

图 5-37 对象"字体"属性

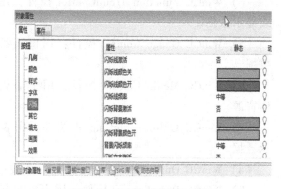

图 5-38 对象"闪烁"属性

"其它"是用于设置一些用户界面的操作属性的，如允许操作员控制、授权、组态语言等属性，如图 5-39 所示。

"效果"是用于设置画面的显示效果的，如图 5-40 所示。当项目中有需要修改颜色的对象时，需要把"全局颜色方案"设置成"否"，画面才会显示修改后的效果。

第5章 图形编辑器

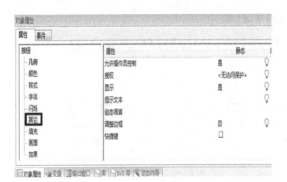

图 5-39 对象"其它"属性

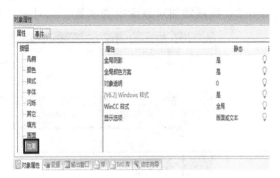

图 5-40 对象"效果"属性

5.6 对象库

对象属性区域的"库"选项卡提供了对象库，包含着大量 WinCC 自带的智能对象，便于操作者快速使用，如图 5-41 所示。

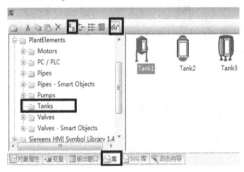

图 5-41 对象库

5.7 画面组态

1）新建一个画面"graphic_3.Pdl"，在画面中添加一个对象库中的"Tank1"对象，如图 5-42 所示。

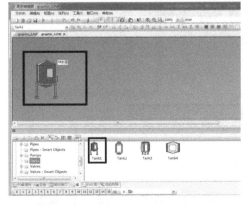

图 5-42 添加对象库"Tank1"对象

2）继续添加对象库中的水管、阀对象，如图 5-43 所示。

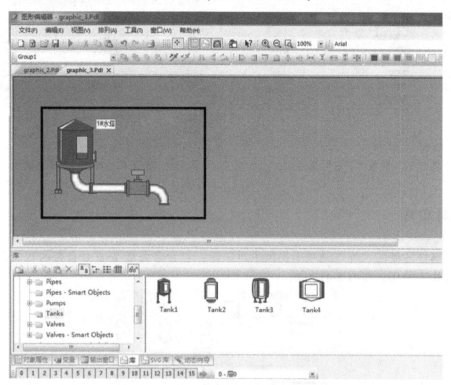

图 5-43　添加对象库中的水管、阀对象

3）设置水塔的"用户定义 1"属性，将过程值设置为动态的"tag2"，如图 5-44 所示。

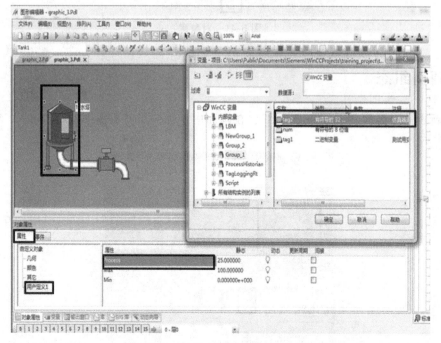

图 5-44　设置"用户定义 1"属性

4) 激活项目，激活变量仿真器，如图 5-45 所示。

5) 激活画面，就可以看到水箱的液面是随着"tag2"值的变化而变化的，运行画面效果如图 5-46 所示。

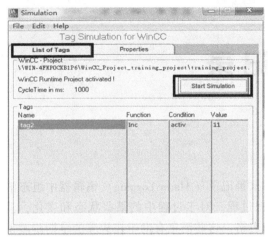

图 5-45 激活变量仿真器

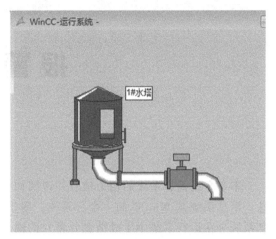

图 5-46 运行画面效果

习 题

1. 创建一个项目，并且创建一个启动画面。画面功能如下。

情景：小明语文分数为 90，小红语文分数为 80，小刚语文分数为 99。

希望可以用趋势图、柱状图、列表图等图表形式来展示这 3 位小朋友的分数。

利用控件对象，编写相关代码，实现以上情景功能。

2. 创建一个项目，并且创建一个启动画面。画面功能如下。

情景：小明第一次语文分数为 90，第二次语文分数为 78，第三次语文分数为 95；小明第一次数学分数为 92，第二次数学分数为 88，第三次数学分数为 95；小明第一次英语分数为 94，第二次英语分数为 80，第三次英语分数为 96。

希望可以用趋势图、柱状图、列表图等图表形式来展示小明 3 科分数。

利用控件对象，编写相关代码，实现以上情景功能。

第 6 章

报 警 记 录

本章介绍消息系统的相关信息并说明如何在报警记录（Alarm Logging）编辑器中组态消息。消息系统是 WinCC 的一个分系统，用于监视过程。对于过程中的某些状态和变化，消息系统会在运行系统中生成消息并将它们输出为表格。这些消息有助于在故障的早期阶段识别紧急情况，从而避免停工。

消息系统由组态组件（报警记录编辑器）和运行系统组件（报警控件）组成。

1）报警记录编辑器是消息系统的组态组件，如图 6-1 所示。在报警记录编辑器中，可以执行的任务包括：创建报警、准备消息、设置限制值、显示消息文本和消息状态、定义消息的确认属性及定义消息的归档属性。

2）报警控件是消息系统的运行系统组件，如图 6-2 所示。报警控件主要用于执行的任务包括执行定义的监视操作、控制消息输出、管理确认。

图 6-1　报警记录编辑器

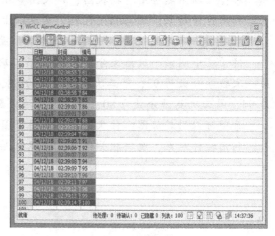

图 6-2　报警控件

6.1　报警记录编辑器

报警记录编辑器界面分为 5 个区域，如图 6-3 所示。

1）导航区域：以文件夹形式显示对象的树形视图。

2) 编辑器选择区域：用于进入其他的 WinCC 编辑器。
3) 表格区域：用于创建和编辑多个对象。
4) 属性栏区域：用于显示报警系统的各个属性。
5) 属性编辑区域：用于编辑所选对象的特定属性值。

图 6-3 报警记录编辑器界面

1. 导航区域

导航区域中包含：消息、消息块、消息组、系统消息、模拟消息、AS 消息。注意消息类别和消息类型均位于"消息"文件夹下。

所选文件夹所分配的元素（消息、消息块等）在表格区域显示。每个文件夹都有一个快捷菜单，此菜单提供文件夹操作命令，包括复制、粘贴和导出等命令。通过快捷菜单，用户可隐藏离散消息、系统消息、模拟消息和 AS 消息。

2. 编辑器选择区域

编辑器选择区域是在导航栏树形视图下方的区域。在这里，用户可以访问其他的 WinCC 编辑器。导航栏的显示顺序可以调整。

3. 表格区域

表格区域会显示分配给树形视图中所选文件夹的元素。例如，表格区域可显示所有消息，或者仅显示所选消息类别的消息。可在表格区域实现的功能如下。

1) 可以在表格区域创建新的消息、消息组和模拟消息。
2) 可以在用于显示消息的表格区域中选择消息块。
3) 可以在表格区域中编辑消息和消息块的属性。
4) 可以通过列标题的快捷菜单，使用表格区域的其他功能，包括排序、过滤、隐藏列及显示其他列。
5) 可以通过顶部的"查找"框以不同的条件过滤消息，如图 6-4 所示。

4. 属性栏区域

属性栏区域显示所选属性的说明，可以拖动该区域以进行缩放。

图 6-4 "查找"框

5. 属性编辑区域

用户可在此对特定的属性值进行编辑。

6.2 消息类型

1. 消息

用户可以在报警记录编辑器的消息系统中组态以下消息。

1)位消息:显示过程中的状态变化。位消息由 PLC 触发。

2)模拟消息:显示超出限值范围时的状态变化。超过设定的上限值或者未达到设定的下限值时将触发模拟消息。

2. 消息块

消息块可细分为 3 组。

1)具有系统数据的系统块:日期、时间、消息编号和状态等。系统块是预定义的。

系统块里默认勾选"日期""时间""编号" 3 个复选框,如图 6-5 所示。这些被勾选的复选框状态会显示在报警控件中,若勾选了"持续时间"复选框,则报警控件中就会显示该项。

2)带解释性文本的用户文本块:包含故障具体位置和原因等信息的文本。这些文本可随意定制。

用户文本块默认勾选"消息文本""错误点"复选框,如图 6-6 所示。假如设备分布在不同厂房的不同区域,那么用户可以通过添加用户文本块来进一步为设备故障限定范围,从而能够快速、准确地找到故障点,排除故障。

3)用于连接消息与过程值的过程值块:当前的填充量、温度或速度等。用户可

图 6-5 系统块内容

以修改消息块的属性以在运行系统中显示。

过程值块无默认勾选的复选框，如图 6-7 所示。但用户可以对消息块的过程值名称进行设置，也可以选择对应的变量进行绑定。

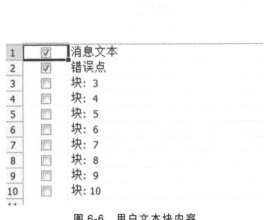

图 6-6　用户文本块内容

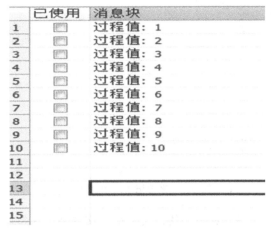

图 6-7　过程值块内容

3. 消息组

消息组用于更高级别的查询和对指定数目的消息进行控制。WinCC 中有以下两种类型的消息组。

1) 用户自定义消息组：该消息组使用导航区域中的"消息组"（Message Groups）文件夹进行组态。

2) 已定义"消息类别"（Message Classes）和"消息类型"（Message Types）组：可通过编辑消息类别或消息类型属性来组态该消息组。

4. 系统消息

系统消息由运行系统中不同的 WinCC 组件触发，因此 WinCC 安装目录中包含带有特殊系统消息的特定语言文件，如 "LTMDatenEnu.CSV"，系统消息可使用所有 WinCC 安装目录中的语言。在组态消息系统时，必须选择要使用的系统消息。

系统消息显示在"系统消息"（System Messages）文件夹和系统消息类别文件夹下。如果在"消息"（Messages）文件夹快捷菜单中选择了"选择"（Selection）→"系统消息"（System Messages）命令，则使用的系统消息也将显示在该文件夹中。

5. 限值监视

限值监视可指定变量的限值或比较值并监视它们。如果监视值超出上限或下限，或者满足比较值的条件，则运行系统中会生成一条消息。

6.3　组态报警记录

下面以实例来介绍组态报警记录的方法和步骤。

1) 在项目管理器中打开报警记录编辑器，其界面如图 6-8 所示。

2) 在导航区域选择"系统块"文件夹，保持默认勾选的"日期""时间""编号"复选框不变，如图6-9所示。

图6-8 报警记录编辑器界面

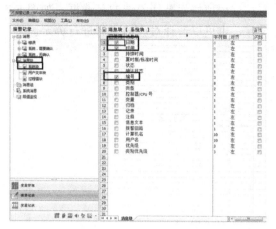

图6-9 默认系统块设置

3）选择"用户文本块"文件夹，保持默认勾选的"消息文本"和"错误点"复选框不变，如图6-10所示。

4）将"消息文本"和"错误点"的字符数分别设置为"30"和"25"，如图6-11所示。

图6-10 默认用户文本块设置

图6-11 设置字符数

5）单击表格区域中的第一行，定义"属性-消息"区域中第一条消息的属性。这里定义3个属性，在"变量"区域将"消息变量"选择为"tag2"，在"用户文本块"区域将"消息文本"设置为"Value_Open"，将"错误点"设置为"Value"。

6.4 组态报警控件

WinCC报警控件是一个用于显示消息事件的消息窗口，如图6-12所示。所有消息均在单独的消息行中显示，消息行的内容取决于要显示的消息块。在运行期间，消息显示在消息窗口中。可以在图形编辑器中组态对应的WinCC报警控件。

1. 组态前配置

在组态报警控件前，WinCC 系统必须满足下列配置要求。

1) 已使用报警记录编辑器设置了消息系统。
2) 已根据报警记录中组态的要求，组态了必需的消息块、消息类别和消息类型。
3) 在报警记录编辑器中组态了必需的单个消息和消息组及其属性。

2. 组态报警控件的基本属性

在"WinCC Alarm Control 属性"对话框的"常规"选项卡中，组态报警控件的基本属性，如图 6-13 所示，包括消息窗口属性、控件的常规属性、控件的时间基准、消息记录在表格中的默认排序、长期归档列表的属性、消息行中要通过双击触发的操作。

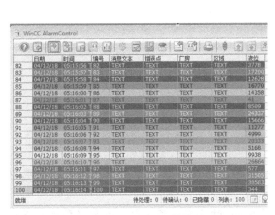

图 6-12 WinCC 报警控件

图 6-13 "常规"选项卡

3. 组态行消息块

要在消息行中显示的消息内容取决于组态的消息块，在报警记录编辑器中组态的消息块可以直接应用而无须更改，也可在报警控件中对消息块进行组态。"消息块"选项卡如图 6-14 所示。

1) 在"WinCC Alarm Control 属性"对话框的"消息块"选项卡中，在报警记录编辑器中组态的所有消息块均在"可用的消息块"列表框中列出，统计列表的消息块也在此处列出。

2) 如果激活了"应用项目设置"选项，则会在报警控件中激活在报警记录编辑器中组态的消息块和属性。消息块和这些属性一起显示在消息窗口中，并且只能通过报警记录编辑器的导航区域进行更改。统计列表的消息块取决于报警记录，可以根据需要来组态这些消息块。

3) 禁用"应用项目设置"后，可以添加或移除消息列表中的消息块，或者组态消息块属性，更改的属性存储在画面中。在报警记录编辑器中进行的属性更改会被忽略。

4) 在"可用的消息块"列表框中可勾选要在消息窗口中使用的消息块。

4. 组态列消息块

在"消息列表"选项卡中定义要在消息窗口中显示为列的消息块。用户可以通过"选择"与"固定选择"选项对消息进行筛选显示，如图 6-15 所示。

图 6-14 "消息块"选项卡

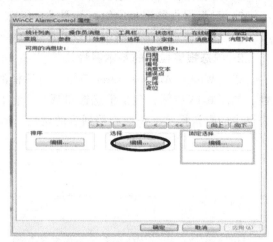
图 6-15 "消息列表"选项卡

习　题

1. 创建一个油量报警项目，并建立一个启动画面。在画面组态一个报警控件，实现以下情景功能。

有一个油箱，其规格为 0~100L，当油箱油量>50L 时正常，不用触发异常报警或者提示报警；当 ≤10L 油箱油量 ≤50L 时，需触发提示报警；当 ≤0L 油箱油量<10L 时，需触发异常报警。

2. 创建一个机器风扇报警项目，建立一个启动画面。在画面组态一个报警控件，实现以下情景功能。

工厂有一台精密研磨机器，机器对散热的要求较高，所以需要一个风扇去散热。常常因为风扇坏了，现场工作人员又无法及时收到故障的信息，导致该机器损坏等，所以需要一个报警展示来及时地通知现场工作人员，避免机器损坏的情况发生。现场了解到，该精密机器的主控制器为 S7-1200PLC，风扇出现故障时 Q0.0＝1，否则 Q0.0＝0。

第 7 章 变量归档

变量归档的目的主要是采集、处理和归档过程数据。可以利用变量归档功能对工业现场的历史生产数据做一个完备的记录，以发挥其对当前和之后工作的借鉴作用。

归档系统是 WinCC 的一个分系统。此分系统用于归档过程画面和消息。通过归档过程值，可以将过程值随时间的变化以图表等形式显示出来。实际工作中，这样的临时显示十分重要，因为这将使问题能够被提前识别出来。

过程值的归档系统由组态组件和运行系统组件组成。变量记录编辑器是归档系统的组态组件，主要用于组态过程值归档和压缩归档、定义采集和归档周期、定义要归档的过程值。归档控件（WinCC OnlineTrendControl）是归档系统的运行系统组件，主要用于将过程值写入过程值归档、从过程值归档中读取归档的过程值。

归档：过程值可存储在硬盘上的归档数据库中，或者存储在变量记录运行系统的主存储器中。用户可以压缩已归档的过程值来减少数据量。

归档时间：可设置归档周期和一些事件来控制归档时间。例如，在特定的周期内或者只在过程值的变化达到某个特定量或百分比时，才归档过程值。

软件授权：在 WinCC 基本系统中，已组态 512 个归档变量而无须附加许可。如果需要进行更多变量的归档，那么需要额外购买授权。

7.1 过程值归档的相关概念

1. 事件

事件可发生在各个窗口中，可用事件作为条件来启动和停止过程值归档，触发事件的条件可以关联变量和脚本。在 WinCC 中，事件分为以下几种类型。

1) 二进制事件：对布尔型变量的改变做出响应。

2) 限制值事件：对限制值进行响应，可以分为超出上限值、低于下限值、到达限制值等情况。

3) 计时事件：以某个预先设定的时间间隔进行归档（时间设定值、班次改变、启动后的时间段等）。

2. 采集周期

采集周期确定读取过程变量过程值的时间间隔。WinCC 运行系统一激活，采集周期就存在了。

3. 归档周期

归档周期是过程值存储到归档数据库的时间间隔。归档周期总为设定的采集周期的整数倍，归档周期的开始时间是 WinCC 运行系统的激活时间或由用户定义的时间点，在采集开始时间和归档开始时间之间可能相差一个采集周期。归档周期通过周期时间来进行设置，变量记录编辑器将提供不同的不允许更改的标准时间，标准时间不满足需要时，也可以组态新的时间。组态时间时，需定义时间基准和时间系数，时间基准和时间系数的乘积决定两次归档之间的时间间隔，即归档周期。因此，如果将时间基准设置为 1s，将时间系数设置为 5，则每 5s 归档一次过程值。

4. 归档函数

进行归档前，从过程变量中读取的所有过程值都由归档函数处理。在过程值归档过程中，可以使用的归档函数有当前值函数、总值函数、最大值函数、最小值函数、平均值函数及动作函数。

1) 当前值函数：保存所采集的最后一个过程值。
2) 总值函数：保存所有采集到的过程值的总和。
3) 最大值函数：保存所有采集到的过程值的最大值。
4) 最小值函数：保存所有采集到的过程值的最小值。
5) 平均值函数：保存所有采集到的过程值的平均值。
6) 动作函数：保存由全局脚本中创建的函数计算得到的过程值。

7.2 过程值归档方法

WinCC 归档系统中，具有如下归档方法。是否及何时采集和归档过程值取决于各种参数，组态哪些参数取决于所使用的归档方法。

1) 周期连续性归档：运行系统启动时，过程值的周期性连续归档随之开始，过程值以恒定的时间周期采集并存储在归档数据库中，直至运行系统停止运行。

2) 周期性选择归档：发生启动事件时，过程值开始周期性选择归档，过程值以恒定的时间周期采集并存储在归档数据库中。当运行系统停止运行、启动事件不再存在、发生停止事件时归档结束。

3) 非周期性事件驱动归档：通过事件来控制过程值归档，利用布尔量或 C 脚本触发一次归档，将当前过程值保存在归档数据库中。

4) 非周期性值变化归档：利用过程值的变化触发一次归档。

5) 过程控制归档：在过程控制归档中，需要组态一个过程控制变量。为使归档系统能够处理过程控制变量中的帧，需选择格式 DLL。格式 DLL 随正在使用的自动化系统提供，可拆分帧。然后将过程值写入至归档数据库。

6) 压缩归档：为了减少归档数据库中的数据量，可以对指定时间内的归档变量进行压缩归档。压缩通过数学函数实现，原来的归档过程值在压缩后如何处理取决于所使用的压缩方式，压缩后的数据可以进行复制、移动或删除操作。

7.3 过程值的存储

1. 存储方式

过程值可存储在归档数据库的硬盘上,也可以存储在变量运行系统的主存储器中。与存储在归档数据库中不同,在主存储器中归档的过程值只在系统激活时有效,并且存储在主存储器中的过程值无法进行备份。然而,存储在主存储器中的数据可以被快速地写入和读出。压缩归档无法存储在主存储器中。

2. 存储过程

这里是指存储在归档数据库中的过程值的存储过程。要归档的过程值存储在归档数据库的两个独立的循环归档中,即快速归档和慢速归档,循环归档由数组可组态的数据缓冲区组成。数据缓冲区根据大小和归档周期定义。

1)快速归档:归档周期≤1min 的归档称为快速归档。如此归档时,过程值以压缩方式存储在归档数据库中。

2)慢速归档:归档周期>1min 的归档称为慢速归档。如此归档时,过程值以非压缩方式存储在归档数据库中。

过程值被连续写入缓冲区中,如果达到数据缓冲区组态的大小或超出时间范围,那么系统会切换到下一个缓冲区,当所有缓冲区都存满时,第一个数据缓冲区中的过程值会被覆盖。为了使过程数据不被覆盖过程破坏,可以对其进行备份。

7.4 过程值归档

过程值归档的方法和步骤如下。

1)在 WinCC 项目管理器中选择"变量记录"选项,如图 7-1 所示。

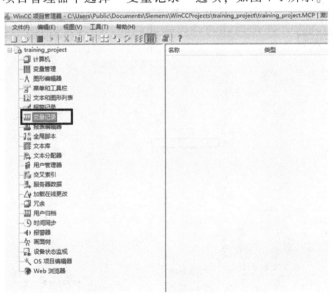

图 7-1 选择"变量记录"选项

2)在打开的"变量记录"界面中展开"定时器"项目树,选择"周期时间"选项,新建一个名为"tank_cricle"的定时器,时间基准为"1秒",时间系数为"3",如图7-2所示。

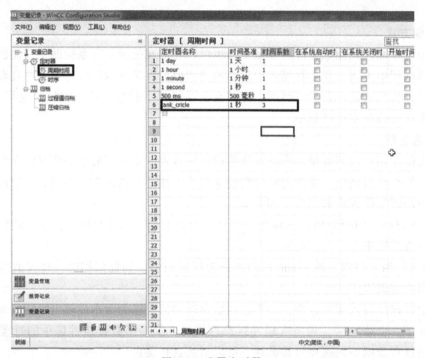

图 7-2 设置定时器

3)选择"过程值归档",创建一个名为"tank_archive"的过程值归档,如图7-3所示。

图 7-3 创建过程值归档

4)选中刚刚创建的"tank_archive"文件夹,添加一个"tag2"归档变量,如图 7-4 所示。

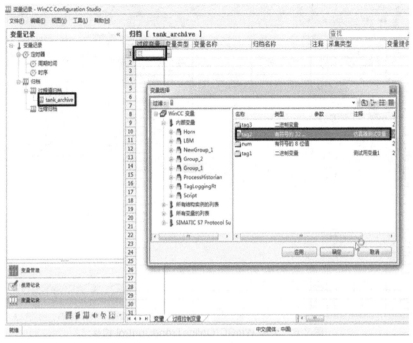

图 7-4　添加归档变量

5)选中"tank_archive",在右侧的"属性-过程值归档"区域中设置"存储位置"为"硬盘"、"数据记录大小"为"100",如图 7-5 所示。

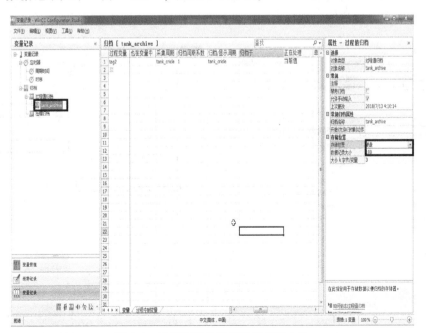

图 7-5　设置存储位置及数据记录大小

6）打开图形编辑器，在"graphic_3.Pdl"画面中添加一个 WinCC OnlineTrendControl 控件，如图 7-6 所示。

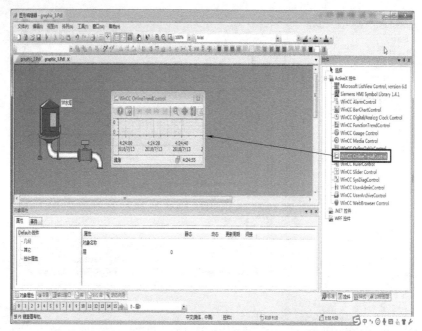

图 7-6　添加 WinCC OnlineTrendControl 控件

7）在"WinCC OnlineTrendControl 属性"对话框的"常规"选项卡中输入这个控件的名称"tank"，如图 7-7 所示。

8）在"时间轴"选项卡中设置时间轴选项，如图 7-8 所示。

9）接下来在"数值轴"选项卡中，设置数值轴选项如图 7-9 所示。

图 7-7　设置控件名称

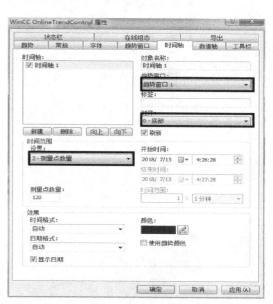

图 7-8　设置时间轴选项

第7章 变量归档

10）在"趋势"选项卡中，设置趋势名称，如图7-10所示。接着单击"变量名称"文本框后的按钮打开"变量"对话框，选择"tank_archive"中的"tag2"变量。

图7-9 设置数值轴选项

图7-10 设置趋势名称

11）再对趋势的时间轴和数值轴进行设置，如图7-11所示。

12）激活项目后，可以看到呈递增趋势的曲线，如图7-12所示。

图7-11 设置趋势的时间轴和数值轴

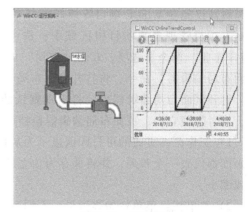

图7-12 运行结果

习 题

创建一个变量a和变量b的项目，并且创建一个启动画面，对画面组态一个归档控件，以趋势图形式展示变量a、变量b的数据，功能要求如下：

定时地将变量a、变量b进行归档；变量a的归档周期为500ms，变量b的归档周期为1s。

第 8 章

报表编辑器

在工业生产中，报表一直占据非常重要的地位，它一般用来记录现场的工艺参数和统计信息。早期是由人工抄录然后统计出相关的报表。进入计算机控制阶段，这份工作就需要工业控制软件来实现。既可以利用报表归档过程数据，也可以利用其对完整的生产周期报告消息和数据，还可以输出生产制造过程的批量数据以用于验收测试。

8.1 页面布局编辑器

页面布局编辑器作为报表编辑器的组件，用于创建报表和实现动态化报表输出。页面布局编辑器仅能在 WinCC 项目管理器中打开当前项目，所保存的布局作为该项目的基准。在 WinCC 项目管理器的项目树区域中，选中"报表编辑器"，则其下方会出现"布局"和"打印作业"两个子选项。双击"布局"或右击"布局"，在弹出的快捷菜单中选择"打开页面布局编辑器"命令，将打开页面布局编辑器，如图 8-1 所示。

打开页面布局编辑器后，将出现默认的工作环境，用户可根据喜好排列选项板和工具栏，或者隐藏它们。页面布局编辑器包括以下组成部分。

1) 工作区：页面的可打印区显示为灰色区，而主体部分显示为白色区。工作区中的每个画面都代表一个布局，并将保存为独立的 rPL 文件。布局可按照 Windows 操作习惯进行扩大或缩小。

2) 菜单栏：菜单栏始终可见。不同菜单上的功能是否激活取决于实际情况。

3) 工具栏：工具栏提供一些按钮，以便于快速实现页面布局编辑器中的常用命令功能。根据需要可在屏幕的任何位置放置工具栏，也可将其隐藏。

4) 字体选项板：字体选项板用于改变文本对象的字体、大小、颜色，以及标准对象的线条颜色。

5) 对象选项板：对象选项板包含标准对象、运行系统文档对象、COM 服务器对象和项目文档对象，这些对象用于构建布局。

6) 样式选项板：样式选项板用于改变所选对象的外观。根据对象不同，可改变线条类型、线条粗细或填充图案。

7) 调色板：调色板用于为选择的对象设置颜色。除了 16 种标准颜色之外，还可以定

第8章 报表编辑器

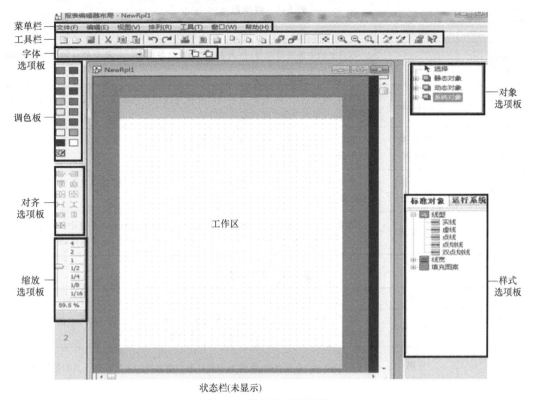

图 8-1 页面布局编辑器

义其他颜色。

8）对齐选项板：可使用对齐选项板改变一个或多个对象的绝对位置，也可以改变所选对象之间的相对位置，并可对多个对象的高度和宽度进行标准化。

9）缩放选项板：缩放选项板提供了放大或缩小活动布局中对象的两种方式，即带有标准缩放因子的按钮和滚动条。

10）状态栏：状态栏位于屏幕的下边缘，可根据需要将其隐藏。状态栏显示所选对象的位置信息及键盘设置的提示等。

8.2 构建页面布局的对象

页面布局的对象在页面布局编辑器对象选项板中设置，页面布局的对象包括标准对象、运行系统文档对象、COM 服务器对象和项目文档对象。

1. 标准对象

标准对象由静态对象、动态对象和系统对象组成。其中，静态对象用于构建可视化页面布局。页面布局的静态部分和动态部分都可插入静态对象。动态对象可与具有当前对象有效数据格式的数据源相链接，该数据可按 WinCC 布局输出，见表 8-1，动态对象只能插入页面布局的动态部分中。

系统对象可用作系统时间、报表的当前页码，以及项目和布局名称的占位符，见表 8-2。系统对象只能插入页面布局的静态部分中。

表 8-1 数据源

图标	对象	含义
	嵌入布局	项目文档中的布局可与"嵌入布局"动态对象嵌套。此类对象只用于 WinCC 中已建布局的项目文档
	硬拷贝	使用"硬拷贝"对象类型,可将当前屏幕和内容的画面或其所定义部分输出到日志中,也可输出当前所选择的画面窗口
	ODBC 数据库域	使用"ODBC 数据库域"对象模型,可通过 ODBC 接口将来自某些数据源的文本输出到日志中
	ODBC 数据库表	使用"ODBC 数据库表"对象模型,可通过 ODBC 接口将来自某些数据源的表格输出到日志中
	Tag(变量)	使用"变量"对象模型,可输出具有"变量"对象类型的运行系统中的变量值。当然,只有在项目被激活时才能输出变量值。在运行系统中,也可调用脚本进行输出

表 8-2 系统对象

图标	对象	含义
	日期/时间	使用"日期/时间"系统对象,可将输出的日期和时间占位符插入页面布局中。在打印期间,系统日期和时间均由计算机自动添加
	页码	使用"页码"系统对象,可将报表或日志当前页码的占位符插入页面布局中
	项目名称	使用"项目名称"系统对象,可将项目名称占位符插入页面布局中
	布局名称	使用"布局名称"系统对象,可将布局名称占位符插入页面布局中

2. 运行系统文档对象

运行系统文档对象用于输出运行系统数据的日志,见表 8-3。输出选项可使用"对象属性"对话框进行组态,日志的数据可在输出时从已链接的数据源中提取。运行系统文档对象只能插入页面布局的动态部分中。

表 8-3 运行系统文档对象

对象	含义
WinCC 报警控件/表格	"WinCC 报警控件/表格"对象用于以表格的格式输出消息列表
WinCC 功能趋势控件/画面	"WinCC 功能趋势控件/画面"对象用于以趋势形式输出作为过程值的、来自压缩的和用户归档的其他变量函数的过程数据
WinCC 在线表格控件/表格	"WinCC 在线表格控件/表格"对象用于以表格形式输出来自相关的变量记录归档的过程数据
WinCC 用户归档控件/表格	"WinCC 用户归档控件/表格"对象用于以表格形式输出来自用户归档的数据或视图
报警记录 RT 归档日志	"报警记录 RT 归档日志"对象链接到消息系统,并将保存在消息归档中的消息输出到表格中
报警记录 RT 消息日志	"报警记录 RT 消息日志"对象链接到消息系统,并将消息列表中的当前消息输出到表格中

(续)

对象	含义
用户归档运行系统表格	"用户归档运行系统表格"对象链接到用户归档,并将用户归档和视图中的运行系统数据输出到表格中
CSV 数据源表格	"CSV 数据源表格"对象链接到 CSV 文件,文件中所包含的数据均输出到表格中,数据必须具有预先定义的结构
CSV 数据源趋势	"CSV 数据源趋势"对象链接到 CSV 文件,文件中所包含的数据均可输出到曲线中,数据必须具有预先定义的结构
WinCC 在线趋势控件/画面	"WinCC 在线趋势控件/画面"对象用于以趋势形式输出来自相关变量记录归档的过程数据

3. COM 服务器对象

为了使用 COM 服务器对象,必须将 COM 服务器项目器集成到 WinCC 中。COM 服务器对象可用于记录数据,用于选择输出数据的选项均由当前的 COM 服务器对象确定。采用这种对象,用户可以将指定的数据集成到 WinCC 日志中。COM 服务器对象的形式和属性均由 COM 服务器记录器确定,COM 服务器对象的描述由 COM 服务器记录器传递。COM 服务器对象只能插入页面布局的动态部分中。

4. 项目文档对象

项目文档对象包括图形编辑器中的动作、报警记录 CS 及全局脚本等。项目文档对象可用于对所组态数据进行报表输出,项目文档对象只能插入页面布局的动态部分中。项目文档对象将与 WinCC 组件严格链接,对象类型是固定的。根据要输出的组态数据类型和大小,可使用"静态文本""动态图元控件""动态表"对象类型。对于某些使用了"动态图元控件"和"动态表"对象类型的对象,可改变用于输出的组态数据的选择。

8.3 打印作业

WinCC 的打印作业对于项目和运行系统文档的输出极为重要。每个布局必须与打印作业相关联,以便进行输出。需要在布局中组态输出外观和数据源,而在打印作业中组态输出介质、打印数量、开始打印的时间及其他输出参数。WinCC 提供了各种用于项目文档的不同的打印作业,这些系统打印作业均已经与要使用的 WinCC 应用程序相关联,既不能将其清除,也不能对其重新排名。可在 WinCC 项目管理器中创建新的打印作业,以便输出新的页面布局。

单击"打印作业"按钮,右击"新建打印作业"选项并选择"属性"命令,打开"打印作业属性"对话框如图 8-2 所示。它包含"常规""选择""打印机设置"3 个选项卡。

在"常规"选项卡中,打印作业的名称将显示在"名称"文本框中,可在此重命名打印作业,不能与 WinCC 自带的系统打印作业重名,因为它们与 WinCC 中不同的应用程序直接关联。可通过"布局文件"下拉列表选择期望的输出布局。

此外,可通过为 WinCC 画面添加 C 函数来触发打印作业的打印与生成。RPTJobPreview

用于启动打印作业的预览。RPTJobPrint 用于启动打印作业，如图 8-3 所示。

图 8-2 "打印作业属性" 对话框

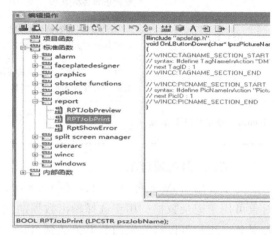

图 8-3 RPTJobPrint 脚本

8.4 报表的需求分析

从需求上来讲，报表一般分为内容上的需求、报表样式上和打印任务上的需求。

1. 内容需求

内容上的需求一般涉及数据的求和、求平均值、求最大值、求最小值等计算，同时也会涉及关系的处理，如班组相关信息的统计分析等。表 8-4 是很典型的内容需求样例。

表 8-4 报表样例（1）

名称	主蒸汽温度/℃	主蒸汽温度合格率/%	主蒸汽压力/MPa	主蒸汽压力合格率/%	制粉系统运行时间/h	左烟气氧量/%	右烟气氧量/%	左低预出口烟温/%	右低预出口烟温/%	给水温度/℃	给水压力/MPa
一班平均	0.00	0.00	0.00	0.00	0.00	0.00	0.00	0.00	0.00	0.00	0.00
一班最高	0.00	0.00	0.00	0.00	0.00	0.00	0.00	0.00	0.00	0.00	0.00
一班最低	0.00	0.00	0.00	0.00	0.00	0.00	0.00	0.00	0.00	0.00	0.00
二班平均	0.00	0.00	0.00	0.00	0.00	0.00	0.00	0.00	0.00	0.00	0.00
二班最高	0.00	0.00	0.00	0.00	0.00	0.00	0.00	0.00	0.00	0.00	0.00
二班最低	0.00	0.00	0.00	0.00	0.00	0.00	0.00	0.00	0.00	0.00	0.00
三班平均	0.00	0.00	0.00	0.00	0.00	0.00	0.00	0.00	0.00	0.00	0.00
三班最高	0.00	0.00	0.00	0.00	0.00	0.00	0.00	0.00	0.00	0.00	0.00
三班最低	0.00	0.00	0.00	0.00	0.00	0.00	0.00	0.00	0.00	0.00	0.00
四班平均	0.00	0.00	0.00	0.00	0.00	0.00	0.00	0.00	0.00	0.00	0.00
四班最高	0.00	0.00	0.00	0.00	0.00	0.00	0.00	0.00	0.00	0.00	0.00
四班最低	0.00	0.00	0.00	0.00	0.00	0.00	0.00	0.00	0.00	0.00	0.00

表 8-5 类报表在连续生产的行业中应用很广泛。

表 8-5 报表样例（2）

××车间××工序生产允许日报表							
20__年__月__日 星期							
时间	入塔气压 /MPa	氯水流量 /m³/h	塔底压力 /MPa	塔顶压力 /MPa	塔底温度 /℃	塔顶温度 /℃	操作备注
0							
1							
2							
3							
4							
5							
6							
7							
8							
9							
10							
11							
平均							
12							
13							
14							
15							
16							
17							
18							
19							
20							
21							
22							
23							
平均							

还有一种在内容上是分总的关系，就是一部分是简单的数据记录，另一部分是对上一部分数据的统计，如汇总、求和、平均等，典型应用见表 8-6。

表 8-6 报表样例（3）

配混线称重报表									
汇总统计：									
批次数	总重量	主料	1#轴料	2#轴料	3#轴料	4#轴料	5#轴料	6#轴料	
112	16633.6000	14856.3600	0.0000	206.2300	0.0000	0.0000	145.3600	1425.6500	

另外一种涉及混合排列的问题，一张表上既有分项数据，其中有涉及统计信息的分项，

同时还有一些实时的信息，见表 8-7。

表 8-7　报表样例（4）

配混线称重报表									
汇总统计：									
日期	批次数	总重量	主料	1#轴料	2#轴料	3#轴料	4#轴料	5#轴料	6#轴料
2020/2/2	100	18092.4000	15855.2500	0.0000	308.6200	0.0000	0.0000	241.5400	1686.9900
2020/2/3	101	17399.5200	13782.3800	0.0000	532.3300	0.0000	0.0000	543.6900	2541.1200
2020/2/4	102	16633.6000	14856.3600	0.0000	206.2300	0.0000	0.0000	145.3600	1425.6500

当然更复杂的报表需求也是有的，例如，一张报表上既有实时信息，又有历史信息，同时还涉及趋势视图、报警信息等。用户可以根据需求，灵活地定义报表的内容和样式。

内容上的需求从本质来讲是对客户关心信息的总结和整理。内容需求决定了报表的样式和可能采用的数据处理方式。

2. 报表样式需求

报表在样式上可以是固定的，就是说事先设计好报表的样式，然后将数据输入进去。这也是传统报表延续下来的一种方式——格式固定且内容固定。

另一种就是格式样式固定，但是数据信息不固定。这种样式可能返回很多数据，也可能不返回数据。这对报表系统的数据归纳能力提出了要求，但对样式没有特别明确的需求。

最后一种是比较复杂的，即报表内容不固定且样式不固定，即完全由用户设计和决定要显示的内容。

3. 报表打印需求

报表的打印任务很简单，就是事件触发打印或者定时打印。

如果进行更深层次的分析，那么报表其实就是一种数据的展示方式。早期没有存储设备，只能人工抄写数据，现在有了机器存储数据。其实人们最终需要的就是数据的统计分析和显示功能，当然如果能把这些报表的样式和需求以电子版的样式在网络上共享，那么很多人都可以接受不用打印输出的报表，则最终关心的是如何将这些数据如实地存储下来，并可以随时查阅。

8.5　WinCC 的报表系统

作为一款监控组态软件，WinCC 针对需求提供了强大的报表组态功能。本节从以下几个方面进行分析：数据存储、数据分析和数据输出。这也是处理报表问题的经典思路。

8.5.1　数据存储

就存储而言，如果能自由灵活地记录数据的统计和分析结果，那是再好不过的了，WinCC 的过程归档就具有很强的数据处理能力，用户可以在归档管理中灵活地控制归档的动作和内容。过程变量属性设置如图 8-4、图 8-5 所示。

对于过程归档数据的访问，人们可以使用 WinCC 的在线表格控件、WinCC 报表编辑器中自带的打印控件，同时也可以使用 Connectivity Pack 选件。只有安装了该选件才支持特定

第8章 报表编辑器

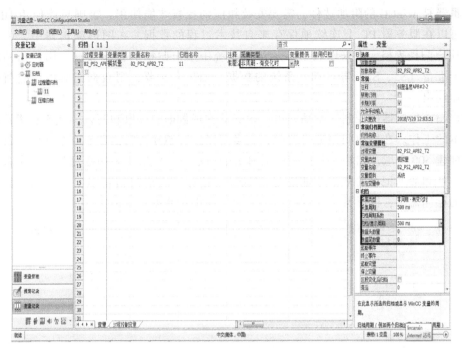

图 8-4　过程变量属性设置（1）

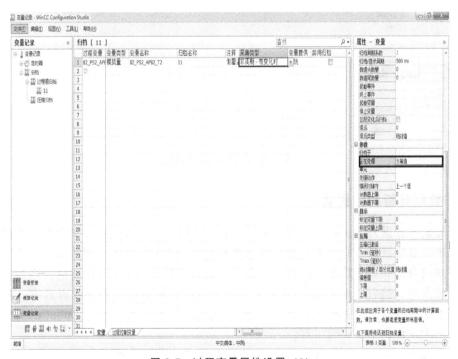

图 8-5　过程变量属性设置（2）

的语法来访问归档数据（该选件需要单独授权）。对于有一定编程功底的工程师来说，Connectivity Pack 选件是一个很好的分析和处理数据的工具。

类似数据库的功能，用户归档编辑器（图 8-6）具有强大的数据存储和处理能力。用户归档编辑器是 WinCC 的附加选件，需要安装相应的授权才能使用，否则只能使用 DEMO 模式。它可以在服务器 PC 上连续地保存来自技术过程的数据。在图形编辑器中，可以组态 WinCC 用户归档表格元素来以表格显示运行系统中用户归档的在线数据。用户归档编辑器还可用于准备（S5、S7）等自动化系统的数据。如果有必要，则数据能够以设定值等形式从控制器读出。

用户归档编辑器的控制变量功能可以很好地实现数据的读取和写入，从而免去了用户自己写脚本的工作。在用户归档编辑器中，最多可以组态 500 个归档和 500 个视图。每个归档最多可创建 500 个域。归档中数据记录的最大数目取决于已组态列的数目和归档中包含的数据记录，列和数据记录的乘积不能超过 320000。这样，用户归档基本上可以满足数据量不是很大的存储需求，同时又可以像操作数据库那样操作数据，方便实用。

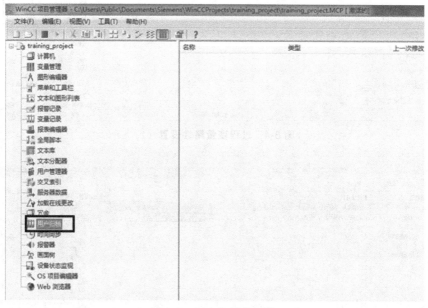

图 8-6　用户归档编辑器

8.5.2　数据分析和数据输出

数据分析和数据输出这两个问题需要结合起来进行介绍。如何把存储和分析的结果很好地展示出来，这应该是人们最关心也是对报表系统体会最深的地方。很多时候，人们的问题就出现在如何分析和展示数据上。很多人希望报表格式能像 Excel 那样灵活。当然，人们可以把数据读出来，然后写入 Excel，这不失为一个方法。但是这需要开发者具有一些编程功底。如何不编程或者使用很少的程序代码就能实现报表功能呢？其实，WinCC 在数据分析和数据输出方面提供了很好的工具。

最简单和直接的方法就是调用 WinCC 的控件集成的打印功能。它是一种以所见即所得的方式实现的打印工具。用户可以很轻松地执行打印任务。对于普通归档的访问，如果要进行编程，那么 WinCC 提供了 Connectivity Pack 工具来分析和统计数据。对于用户归档，WinCC 的报表系统提供了直接的接口控件。同时也可以像操作普通数据库中的表一样来操作用户归档中的归档和视图。对于外部数据，WinCC 提供了 ODBC 数据库和数据库域控件

第8章 报表编辑器

来直接连接及获取数据，从而省去了部分编写数据库访问脚本的工作。选择"数据库域"如图8-7所示，配置数据库变量如图8-8所示。

图8-7 选择"数据库域"

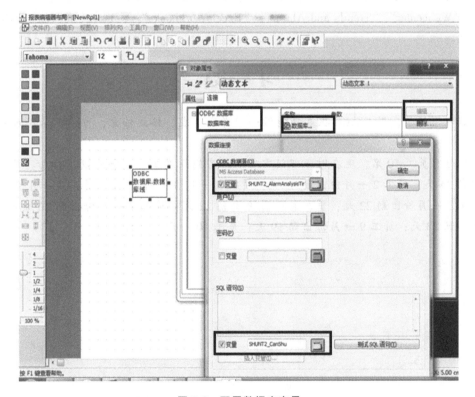

图8-8 配置数据库变量

对于这些控件，只需要简单地配置就能得到相应的数据结果。

其中，在"ODBC 数据源"的"变量"文本框中可输入数据源的名称，在"SQL 语句"的"变量"文本框中可输入变量写入查询条件。

很多人理想中的报表是既有 Excel 的易用性，同时能兼顾很好的数据库接口，还能在系统中保留 Excel 的数据统计分析功能和数据展示功能。

其实，WinCC 是可以实现这样的报表的。WinCC 有一个选件 DataMonitor，它的一项功能就是使用 Excel 连接 WinCC 的归档数据，主要就是结合 WinCC 的存储功能和 Excel 强大的数据处理功能来满足报表需求。同时，它可以把相应的报表发布到网络上，实现网络的共享。用户还可以使用这个工具实现自定义报表样式。报表控件如图8-9所示。

图 8-9　报表控件

报表控件主要是实现对现场工艺和采集数据的分析、整理和发布。它包括"ProcessScreens""Webcenter""Trends and Alarms""Excel Workbooks"等工具，不同的工具实现不同的功能。

习　题

根据以下情景，用 WinCC 报表功能做一份考勤报表，格式任意，可以灵活添加一些额外内容。

A 公司有员工 10 名，现在财务部门需要统计考勤表发工资，得知以下信息：员工 1 一月份出勤 24 天；员工 2 一月份出勤 23 天；员工 3 一月份出勤 21 天；员工 4 一月份出勤 21 天；员工 5 一月份出勤 22 天；员工 6 一月份出勤 22 天；员工 7 一月份出勤 20 天；员工 8 一月份出勤 23 天；员工 9 一月份出勤 19 天；员工 10 一月份出勤 24 天。

第 9 章 用户管理

用户是系统的主要使用者。其最主要的数据是用户名（Use Name）和密码（Password）、所属角色。用户名是某个用户在系统中的唯一标识。而密码是用户登录系统的唯一凭证，可以设定不同等级的创建规则来增强用户密码的安全性。同时，可以选择性地为用户添加信息。当某一用户被指派为一个角色时，该用户获得该角色下的全部权限。只能为一个用户指定一个角色。

1）角色是用户和权限之间的桥梁。角色最主要的数据是角色名和角色权限列表。角色名是角色在系统中的唯一标识。每个角色都通过角色权限列表规定了该角色可以使用的系统功能。

2）权限是对系统功能限制的细化。权限包括系统资源及其对应的权限等级。系统资源包括文件、菜单、按钮、对话框等，权限等级包括不可见、只读、可修改、完全控制等。

9.1 创建用户组

1）在 WinCC 项目管理器中打开"用户管理器"，如图 9-1 所示。

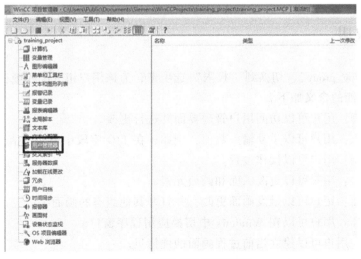

图 9-1 打开"用户管理器"

2)选中用户管理器中的"用户管理器",右击并选择"添加新组"命令,将新组命名为"training_group",创建一个新用户组,如图 9-2 所示。

图 9-2　添加新用户组

9.2　分配权限

选中"training_group",切换到"权限"选项卡,为该用户组分配权限,如图 9-3 所示。各种权限功能的含义如下。

1)用户管理:用户可以访问用户管理界面并进行更改。
2)数值输入:用户可以手动输入数值,例如,在 I/O 字段中输入数值。
3)过程控制:用户可以操作过程。
4)画面编辑:用户可以更改画面和画面元素。
5)改变画面:用户可以触发画面更改,并打开其他组态的画面。
6)窗口选择:用户可以在 Windows 中切换应用程序窗口。
7)硬拷贝:用户可以建立当前过程画面的硬拷贝。
8)确认报警:用户可以确认报警。

第9章 用户管理

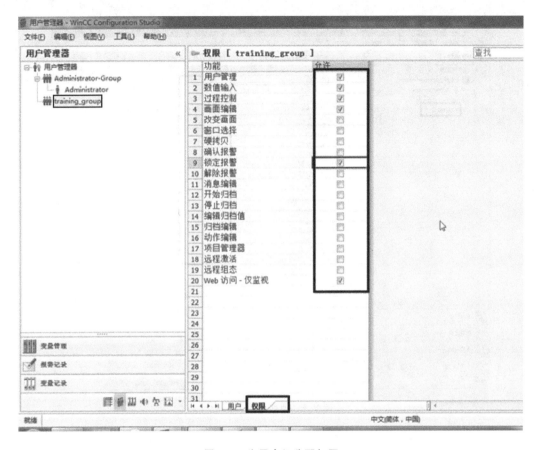

图 9-3 为用户组分配权限

9）锁定报警：用户可以锁定报警。

10）解除报警：用户可以解除报警。

11）消息编辑：用户可以在报警记录编辑器中编辑消息，如使用 ODK。

12）开始归档：用户可以启动归档过程。

13）停止归档：用户可以结束归档过程。

14）编辑归档值：用户可以组态归档变量的计算。

15）归档编辑：用户可以控制并更改归档过程。

16）动作编辑：用户可以运行和编辑脚本，如使用 ODK。

17）项目管理器：用户可以不受限制地访问 WinCC 项目管理器。

9.3 创建用户

1）选中"training_group"，右击并选择"添加新用户"命令，创建一个名为"User_1"的用户，可以看到，User_1 继承了 training_group 的所有权限，如图 9-4 所示。

2）为 User_1 创建一个密码。选中 User_1，利用"属性—用户"区域的"密码"文本框设置新密码，如图 9-5 所示。

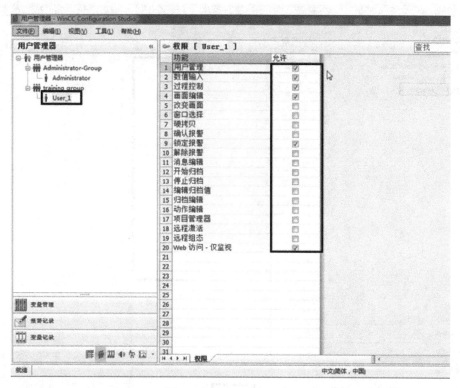

图 9-4　创建一个新用户

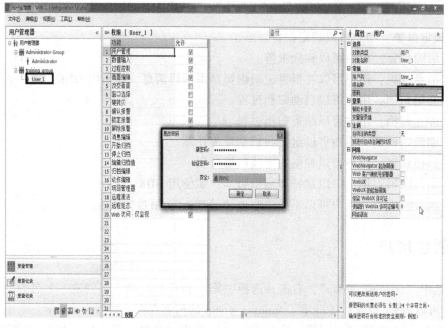

图 9-5　创建用户密码

9.4 实现用户登录

1）新建图 9-6 所示的用户登录画面。

2）将画面中的静态文本框关联到"@CurrentUserName"系统变量，这个变量是系统内部代表当前用户名称的变量，如图 9-7 所示。

3）向"用户登录"按钮的单击鼠标事件中添加用于实现登录的 C 脚本：

```
#pragma code("UseAdmin")
#include "pwrt_api.h"
#pragma code()
PWRTLogin(1);
```

图 9-6 创建用户登录画面

图 9-7 关联系统变量

4）添加 C 脚本完成之后，保存运行。可观察到在单击"用户登录"按钮后，系统弹出"系统登录"对话框，如图 9-8 所示。输入设置的密码，则当前用户名会在静态文本中显示出来，如图 9-9 所示。

图 9-8 "系统登录"对话框

图 9-9 当前用户名在静态文本中的显示

9.5 用户注销

登录完成后,假如把运行画面关闭,重新打开时,之前登录的用户依然是处于登录状态的,所以需要对其执行注销操作才能退出登录状态。

第一种方法,登录完成后单击"用户登录"按钮的时候,"登录"文本框中会显示当前登录的用户名,而右下方的"退出登录"按钮处于激活状态,可以单击"退出登录"按钮来退出当前用户的登录状态,如图 9-10 所示。

图 9-10 单击"退出登录"按钮注销

第二种方法,通过添加 C 脚本来实现,新建一个"登录注销"按钮,在按钮事件中添加函数,就能实现用户注销的功能,对应的 C 脚本为:

```
#pragma code("UseAdmin")
#include "pwrt_api.h"
#pragma code()
PWRTLogout();
```

第三种方法,在用户管理器中进行设置,可以看到用户属性有"注销"一栏,"自动注销类型"有 3 种,如图 9-11 所示。"无"就是不自动注销;如果选择"绝对",就由"到进行自动注销的时段"的设置来决定自动注销的时间,"时段"的单位为 min;如果选择"取消激活",就会从用户不操作 WinCC 时开始计时。假如选择"绝对","时段"选择"1",那么 1min 后无论用户在操作什么都会自动注销。

第四种方法,可以为用户登录和注销设置快捷键,右击项目名称并选择"属性"命令,打开"项目属性"对话框,在"快捷键"选项卡中为"登录"和"注销"分别添加快捷键,如图 9-12 所示。

图 9-11 自动注销

图 9-12 分配快捷键

9.6 为画面添加授权

在画面中,有时候需要为操作对象设置访问权限。在用户管理器中组态用户组和用户的授权后,就要在控制画面中对那些需要设置访问权限的画面对象进行组态。此处以一个输入/输出域为例,将其组态为只有拥有数值输入授权的用户才能输入数值。

1)向画面添加一个输入/输出域,使其与新建的标签相关联,在"对象属性"选项卡中选择"属性"→"其它"→"授权"选项,默认设置是"无访问保护",本例选择"数值输入",如图 9-13 所示。

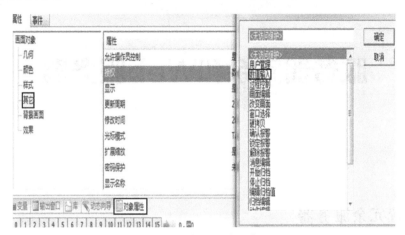

图 9-13 输入/输出域授权

2)保存画面并运行。单击画面中的输入/输出域,由于当前没有用户登录,因此系统会提示"无操作员权限",登录用户 User 后就可以进行操作了,如图 9-14 所示。

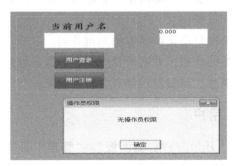

图 9-14 权限提示

习 题

创建一个权限分配项目,建立一个启动画面。组态行政部门的画面、技术部门的画面、财务部门的画面,并且分配 A、B、C、D 的权限,实现以下情景功能。

某公司有一个行政部门、一个技术部门、一个财务部门。现在有一个行政部门的同事 A、一个技术部门的同事 B、一个财务部门的同事 C,还有公司的董事长 D。要求同事 A 只能看行政部门的画面,并且可操作相关内容。要求同事 B 只能看技术部门的画面,并且可操作相关内容。要求同事 C 只能看财务部门的画面,并且可操作相关内容。而董事长 D 可以查看 3 个部门的所有画面,并且可操作所有内容。3 个部门的画面均含有该部门的人员清单、具体的该部门工作内容。

第 10 章 服务器冗余和Web服务器

10.1 配置冗余服务器

WinCC 冗余系统中有两台互联的 WinCC 服务器，它们并行工作，并基于事件进行同步，提高了系统的可靠性。WinCC 冗余系统具有下列功能。

1) 自动识别故障，故障恢复后自动同步变量记录、报警消息、用户归档。
2) 在线同步变量记录、报警消息、用户归档。
3) 服务器故障时，客户端自动切换到可用的服务器。
4) 自动识别伙伴服务器的状态，并实时显现主、备服务器的工作状态。
5) 自动生成系统故障消息，及时发现服务器软件故障。

10.1.1 创建 Windows 用户

1) 在 Windows 中选择 "开始"→"控制面板"→"管理工具"→"计算机管理" 选项，打开 "计算机管理" 对话框，如图 10-1 所示。

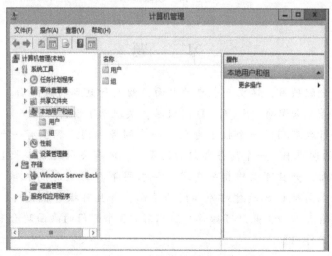

图 10-1 "计算机管理" 窗口

2）创建一个新用户或者使用默认的 Administrator。

3）对于新建用户，在"Administrator 属性"对话框的"隶属于"选项卡中，为用户分配 Administrators、SIMATIC HMI 两个用户组。对于默认的 Administrator 用户，检查是否属于上述两个组，如图 10-2 所示。

图 10-2　用户组分配

10.1.2　创建 WinCC 项目

创建一个 WinCC 单用户或多用户项目，组态相应的 WinCC 功能。

10.1.3　冗余功能设置

在 WinCC 项目管理器中完成如下设置。

1）打开"冗余"对话框，勾选"激活冗余"复选框，如图 10-3 中的标识 1 所示。选择 WinCC 服务器之间的冗余识别连接方式，如图 10-3 中的标识 2 所示。其余可选配置按照现场要求进行设置。

2）通过使用"时间同步"基本控件，实现服务器之间的时间同步设置，如图 10-4 所示。

右击"服务器数据"并在弹出的菜单中选择"创建数据包"命令，生成服务器数据包。

10.1.4　复制项目到冗余服务器

将组态好的 WinCC 项目复制到另外一台服务器上的步骤如下。

1）在 Windows 中选择"开始"→"所有程序"→"SIMATIC"→"WinCC"→"Tools"→"Project Duplicator"选项，打开"WinCC 项目复制器"对话框，如图 10-5 所示。

图 10-3 冗余设置

图 10-4 时间同步设置

2）单击"选择要复制的源项目"右侧的 按钮，选择所要复制的 WinCC 项目的 .mcp 文件，如图 10-6 所示。

3）在伙伴服务器上创建一个共享文件夹，用于保存 WinCC 项目。然后在"WinCC 项目复制器"对话框中单击"用于冗余伙伴的复制项目保存在"右侧的 按钮，通过网络邻居找到伙伴服务器上创建的共享文件夹，如图 10-7 所示。

图 10-5 "WinCC 项目复制器"对话框

图 10-6 选择要复制的项目文件

图 10-7 指定要复制项目的网络路径

4）在"WinCC 项目复制器"对话框中单击"复制"按钮，复制项目。项目复制完成后，会弹出提示复制完成的对话框，单击"关闭"按钮。对于使用"WinCC 项目复制器"对话框复制的 WinCC 项目，其相应的计算机名称、冗余的主从设置均会自动更改。

注意：检查一下 WinCC 通信通道中的逻辑设备名称与 Set PG/PC 指定的名称是否一致。如果不一致，需要手动修改逻辑设备名称。方法为右击相应的通信驱动，选择"系统参数"→"单元"，在"逻辑设备名称"中进行设置即可。

10.1.5 冗余的简单诊断

当 WinCC 中的冗余系统故障时，可以首先确认故障是否与冗余有关。如果无关，则按照普通的诊断方式解决即可。

1) 确定服务器故障是否与冗余有关，首先检查"@RM_MASTER"变量的状态，该变量属于系统的内部变量，在冗余变量组下。手动切换"@RM_MASTER"变量的值（0 和 1），观察伙伴服务器中该值的变化，如图 10-8 所示。如果能够成功切换，则故障与冗余功能无关。

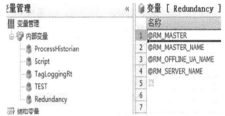

图 10-8 "@RM_MASTER"变量

2) 服务器故障与冗余有关时，"@RM_MASTER"变量的值不能正常切换，此时可检查"@RedundantServerState"变量的值。如果该值为 3，可重新启动计算机。如果重新启动计算机仍然不能解决问题，那么可用"WinCC 项目复制器"对话框重新复制项目。

10.2 配置 Web 服务器

10.2.1 Web 服务器定义

WinCC Web 服务器的 WebNavigator 是用于实现 WinCC B/S 架构的选件。

本质上，WebNavigator 选件就是把 WinCC 的项目通过 IIS 发布成一个网站。使用该选件，用户可以通过 Internet/Intranet 操作设备。其优点有：经典操作是把监控功能扩展到广域网；无须修改现有项目；将 Web 用户整合到现有操作理念中；始终保证工厂安全；通过网络访问时，可以设定用户界面语言。

如图 10-9 所示，WebNavigator 网络架构是由 WinCC 服务器从 PLC 中读取信息，然后通过 WebNavigator 发布到 Web 服务器上面，Web 客户端使用浏览器通过以太网访问 Web 服务

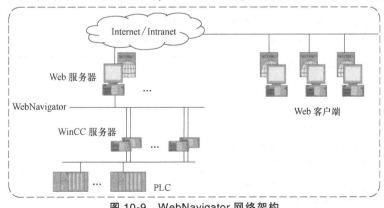

图 10-9 WebNavigator 网络架构

器上面的数据。

10.2.2 安装要求

1) WebNavigator 系统要求见表 10-1。

表 10-1　WebNavigator 系统要求

单用户系统上的 WebNavigator 服务器			WinCC 服务器或自带项目的 WinCC 客户上的服务器		
内容	最低	推荐	内容	最低	推荐
CPU	双核 CPU 2.5GHz	多核 CPU 3.5GHz	CPU	双核 CPU 2.5GHz	多核 CPU 3.5GHz
内存	2GB	>4GB	内存	4GB	8GB
操作系统	Windows 10 64 位(受限版本) Windows 8.1 32 位 Windows 8.1 64 位 Windows 7 SP1 32 位 Windows 7 SP1 64 位 Windows Server 2008 R2 Standard SP1 64 位 Windows Server 2012 R2 Standard 64 位		操作系统	Windows Server 2008 R2 Standard SP1 64 位 Windows Server 2012 R2 Standard 64 位	
软件	Internet Explorer V10.0 及以上版本(32 位) WinCC 基本系统 V7.4				
其他	能够访问 Intranet/Internet				

2) WebNavigator 客户机系统要求见表 10-2。

表 10-2　WebNavigator 客户机系统要求

CPU	最低要求:双核 CPU,2GHz	推荐要求:多核 CPU,3GHz
内存	最低要求:1GB	推荐要求:2GB
操作系统	Windows 10 64 位(受限版本) Windows 8.1 32 位 Windows 8.1 64 位 Windows 7 SP1 32 位 Windows 7 SP1 64 位 Windows Server 2008 R2 Standard SP1 64 位 Windows Server 2012 R2 Standard 64 位,还有其他通过 MS 终端服务访问的操作系统 Windows Embedded Standard 7 P SP1 与 Panel PC 477E 和 IPC 427E	
软件	Internet Explorer V10.0 及以上版本(32 位)	
其他	能够访问 Intranet/Internet	

3) WebNavigator 诊断客户机系统要求见表 10-3。

表 10-3　WebNavigator 诊断客户机系统要求

操作系统	Windows 10 64 位(受限版本) Windows 8.1 32 位 Windows 8.1 64 位 Windows 7 SP1 32 位 Windows 7 SP1 64 位 Windows Server 2008 R2 Standard SP1 64 位 Windows Server 2012 R2 Standard 64 位
软件	Internet Explorer V10.0 及以上版本(32 位)
其他	能够访问 Intranet/Internet

4) WebNavigator 终端客户机系统要求见表 10-4。

表 10-4 WebNavigator 终端客户机系统要求

终端客户机最低要求	推荐
支持 TCP/IP 的网卡 终端客户端 RDP 5.0 显示器或监视器定点设备	为通过 Intranet/Internet 进行安装,必须安装 Internet Explorer 的最新安全更新

5) WebNavigator 终端服务器系统要求见表 10-5。

表 10-5 WebNavigator 终端服务器系统要求

CPU	最低要求:双核 CPU,2GHz	推荐要求:多核 CPU,3GHz
内存	最低要求:1GB	推荐要求:2GB
操作系统	Windows Server 2008 R2 Standard SP1 64 位 Windows Server 2012 R2 Standard 64 位 必须允许多次调用和执行要在客户端上执行的应用程序	
其他	如果有许多用户访问服务器,则应使用高性能的网卡	

10.2.3 WebNavigator 服务器安装步骤

1. 安装 Internet 信息服务（IIS）

1）在"Windows 功能"对话框中，勾选"Web 管理工具"下的"IIS 6WMI 兼容性""IIS 6 脚本工具""IIS 元数据库和 IIS 6 配置兼容性""IIS 管理服务""IIS 管理脚本和工具""IIS 管理控制台"复选框，如图 10-10 所示。

2）激活"万维网服务"下的"常见 HTTP 功能"，包括"静态内容""默认文档"，如图 10-11 所示。

图 10-10 激活 Web 管理工具

图 10-11 激活"万维网服务"功能

3）激活"万维网服务"下的"应用程序开发功能"，包括".NET 扩展性""ASP""ASP.NET""CGI""ISAPI 扩展""ISAPI 筛选器"，如图 10-12 所示。

4）激活"万维网服务"下"安全性"功能，包括"Windows 身份验证""基本身份验证""请求筛选",如图 10-13 所示。

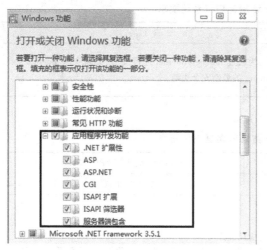

图 10-12 激活"应用程序开发功能"　　　图 10-13 激活"安全性"功能

5)启动"WinCC V7.4"安装包,安装"WebNavigator Server"选件,如图 10-14 所示。

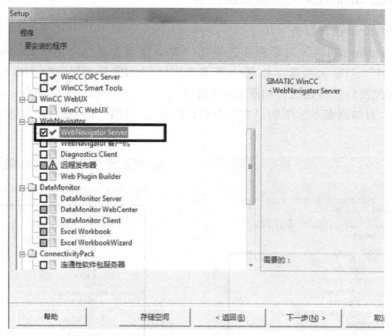

图 10-14 安装"WebNavigator Server"选件

2. Internet Explorer 设置

1)打开控制面板,找到"Internet 选项",如图 10-15 所示。

2)在弹出的"Internet 属性"对话框中,选择"安全"选项卡,单击"自定义级别"按钮,如图 10-16 所示。

3)在弹出的"安全设置-Internet 区域"对话框中,启用"对标记为可安全执行脚本的 ActiveX 控件执行脚本"选项,如图 10-17 所示。

图 10-15 选择"Internet 选项"

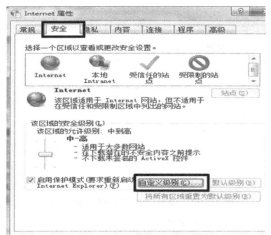

图 10-16 Internet 属性安全设置

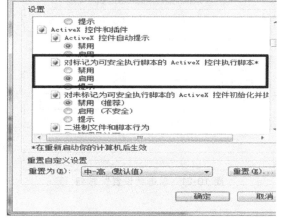

图 10-17 启用执行脚本

4）启用"下载已签名的 ActiveX 控件（不安全）"选项，如图 10-18 所示。

5）启用"允许 Scriptlet"，如图 10-19 所示。

6）启用"对未标记为可安全执行脚本的 ActiveX 控件初始化并执行"选项，如图 10-20 所示。

7）在"Internet 属性-安全风险"对话框的"常规"选项卡中，单击"设置"按钮，如图 10-21 所示。在打开的"网站数据设置"对话框中设置"检查存储的页面的较新版本"为"自动"，如图 10-22 所示。

图 10-18 启用"下载已签名的 ActiveX 控件（不安全）"选项

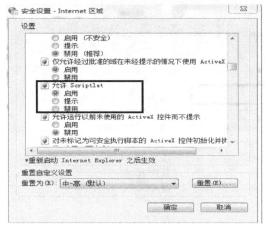

图 10-19　启用"允许 Scriptlet"

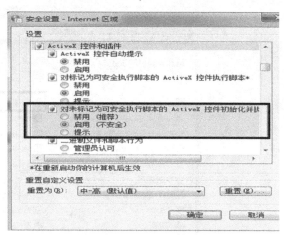

图 10-20　启用"对未标记为可安全执行脚本的 ActiveX 控件初始化并执行"选项

图 10-21　单击"设置"按钮

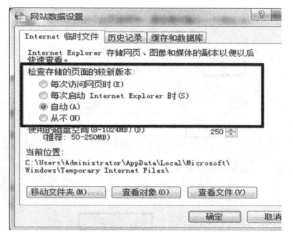

图 10-22　设置"检查存储的页面的较新版本"为"自动"

3. 发布画面

本例以单机版 Web 服务器系统为例，单机版 WebNavigator 网络架构如图 10-23 所示。

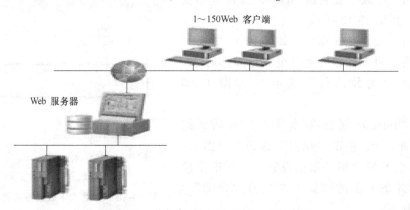

图 10-23　单机版 WebNavigator 网络架构

WebNavigator 许可证见表 10-6。

表 10-6 WebNavigator 许可证

服务器	客户端没有许可证	客户端有诊断客户端许可证
无 WinCC 许可证 无 WebNavigator 许可证	客户端在测试模式 无数量限制	客户端在测试模式 无数量限制
WinCC 许可证 无 WebNavigator 许可证	客户端在测试模式 无数量限制	诊断客户端 每个诊断客户端都有一个许可证
WebNavigator 许可证 无 WinCC 许可证	客户端在测试模式 无数量限制	客户端在测试模式 无数量限制
WebNavigator 许可证 +WinCC 许可证	WebNavigator 客户端 服务器许可证支持的最大数量	诊断客户端 每个诊断客户端都有一个许可证
WebNavigator 许可证 +WinCC 许可证 +"Load Balancing" 许可证	WebNavigator 客户端 服务器许可证支持的最大数量	诊断客户端 每个诊断客户端都有一个许可证
WebNavigator 许可证 +WinCC 许可证 +WinCC Redundancy 许可证 +"Load Balancing Step-Up" 许可证	WebNavigator 客户端 服务器许可证支持的最大数量	诊断客户端 每个诊断客户端都有一个许可证

1）组态 WebNavigator 服务器。在 WinCC 项目管理器中右击 "Web 浏览器"，打开快捷菜单，选择 "Web 组态器" 命令，如图 10-24 所示。

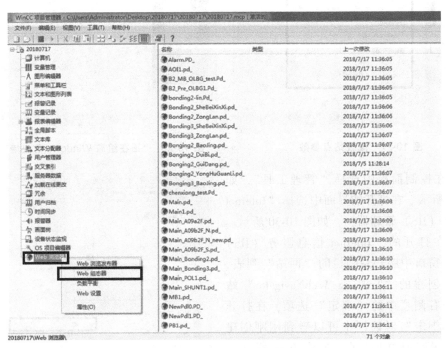

图 10-24 选择 "Web 组态器" 命令

2）创建站点，如图 10-25、图 10-26 所示。

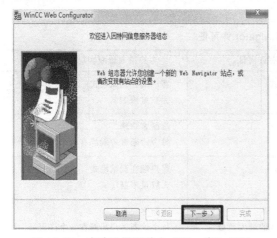

图 10-25　在欢迎界面单击"下一步"按钮

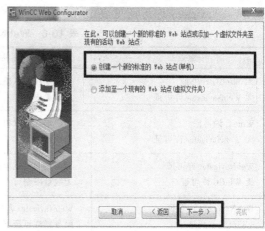

图 10-26　选择"创建一个新的标准的 Web 站点（单机）"选项

3）配置站点参数如图 10-27 所示。在"正在组态 Windows 防火墙"界面中单击"完成"按钮，如图 10-28 所示。

图 10-27　配置站点参数

图 10-28　"正在组态 Windows 防火墙"界面

4）在控制面板中选择"管理工具"，如图 10-29 所示。在打开的界面中选择"Internet 信息服务（IIS）管理器"，如图 10-30 所示。

5）在打开的"Internet 信息服务（IIS）管理器"窗口中展开左侧栏的"网站"列表，选中刚刚创建的"Training_WebNavigator"站点，单击右侧栏中的"绑定"选项，在打开的"网站绑定"对话框中可以看到刚刚创建的网站，说明创建成功了，如图 10-31 所示。

6）在 WinCC 项目管理器中，选中"Web 浏览器"并右击，选择"Web 浏览发布器"

图 10-29　选择"管理工具"

命令，如图 10-32 所示。

图 10-30　选择"Internet 信息服务（IIS）管理器"

图 10-31　检查站点

7）在弹出的向导中设置项目路径和发布文件夹，然后单击"下一个"按钮，如图 10-33 所示。在弹出的界面中直接单击"下一个"按钮，如图 10-34 所示。

8）选择要发布的画面，如图 10-35 和图 10-36 所示。

9）查看发布结果。发布成功的画面状态栏会呈现"√"状态，发布失败的画面会呈现"×"状态，如图 10-37 所示。

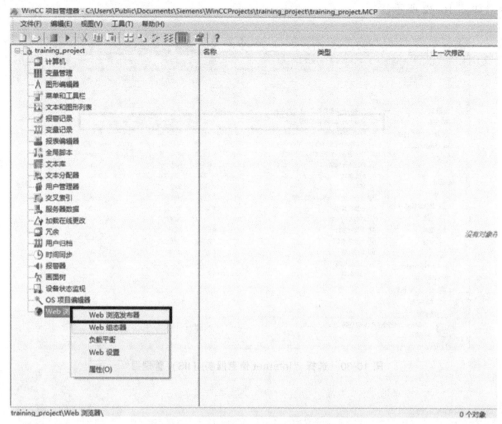

图 10-32 选择"Web 浏览发布器"命令

图 10-33 设置项目路径和发布文件夹

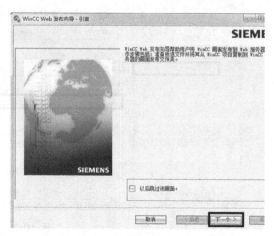

图 10-34 直接单击"下一个"按钮

4. 安装 Web 插件

Web 客户端需要安装 IE11 及以上版本的 IE 浏览器才可以访问 Web 服务器。另外，还需要安装一些插件才可以访问 Web 服务器。

1）打开 IE 浏览器，输入站点"http：//192.168.18.1"，访问站点，如图 10-38 所示。

2）在"Windows 安全"对话框中输入服务器的账号和密码。服务器和客户端需要用相同的账号和密码登录,如图 10-39 所示。

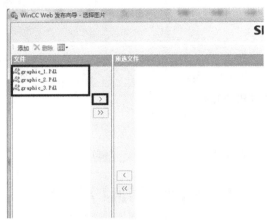
图 10-35 选择要发布的画面(1)

图 10-36 选择要发布的画面(2)

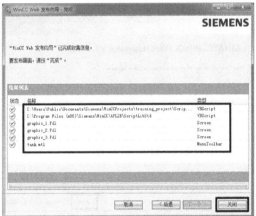
图 10-37 发布结果

图 10-38 访问站点

图 10-39 输入登录账号和密码

3）多次单击网页下方的"安装"或"运行"按钮，进行插件安装，如图 10-40~图 10-43 所示。

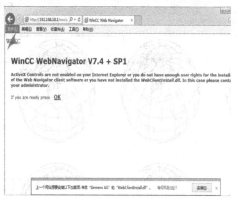

图 10-40　安装插件（1）

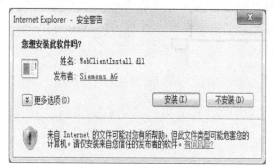

图 10-41　安装插件（2）

图 10-42　安装插件（3）

图 10-43　安装插件（4）

4）安装 WebNavigator Client V7.4 SP1，如图 10-44~图 10-51 所示。

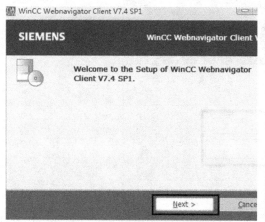

图 10-44　安装 WebNavigator Client V7.4 SP1（1）

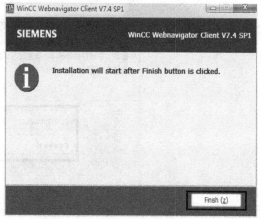

图 10-45　安装 WebNavigator Client V7.4 SP1（2）

图 10-46　安装 WebNavigator Client V7.4 SP1（3）

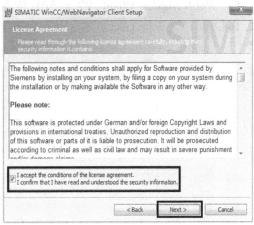

图 10-47　安装 WebNavigator Client V7.4 SP1（4）

图 10-48　安装 WebNavigator Client V7.4 SP1（5）

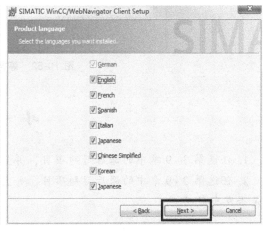

图 10-49　安装 WebNavigator Client V7.4 SP1（6）

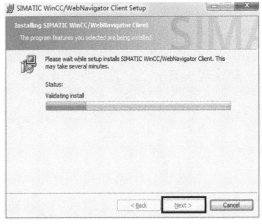

图 10-50　安装 WebNavigator Client V7.4 SP1（7）

图 10-51　安装 WebNavigator Client V7.4 SP1（8）

5）WebNavigator Client V7.4 SP1 安装完成后，在 IE 浏览器中输入 "http://192.168.18.1"。等待 1min 左右，就可以连上服务器了，如图 10-52 所示。

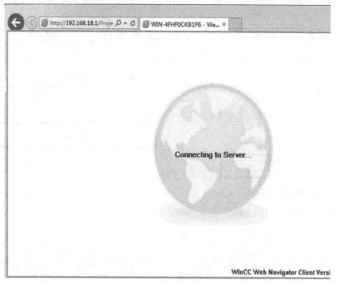

图 10-52　等待连接服务器

习　题

1. 任选第 3~9 章中的课后习题项目，并且做冗余配置，检测是否组态冗余成功。

2. 任选第 3~9 章中的课后习题项目，并且做 Web 发布，用客户端查看画面，检测服务器是否发布成功。

附录

常见名称介绍

1. VAX（Virtual Address Extender，虚拟地址扩展）。在1978年，DEC公司建立了第一个基于VAX的计算机体系。

2. Linux是一套免费使用和自由传播的类UNIX操作系统，是一套基于POSIX和UNIX的多用户、多任务、支持多线程和多CPU的操作系统。它能运行主要的UNIX工具软件、应用程序和网络协议。它支持32位和64位硬件。Linux继承了UNIX以网络为核心的设计思想，是一种性能稳定的多用户网络操作系统。

3. 自动发电控制（Automatic Gain Control，AGC）是能量管理系统（EMS）的重要组成部分。按电网调度中心的控制目标将指令发送给有关发电厂或机组，通过电厂或机组的自动控制调节装置，实现对发电机功率的自动控制。

4. EMS（Energy Management System，能源管理系统）采用分层分布式系统体系结构，对工厂的电力、燃气、水等各分类能耗数据进行采集、处理，并分析工厂能耗状况，实现节能应用等。

5. Java是一种面向对象的编程语言，Java语言具有功能强大和简单易用两个特征。Java语言作为静态面向对象编程语言的代表，极好地实现了面向对象理论，允许程序员以优雅的思维方式进行复杂的编程。

6. DCS（Distributed Control System，分布式控制系统）在国内自控领域又称为集散控制系统，是相对于集中式控制系统而言的一种新型计算机控制系统，它是在集中式控制系统的基础上发展、演变而来的。

7. ODBC（Open Database Connectivity，开放数据库连接）是为解决异构数据库间的数据共享问题而产生的，现已成为WOSA（Windows Open System Architecture，Windows开放系统体系结构）的主要部分和基于Windows环境的一种数据库访问接口标准。

8. SQL（Structured Query Language，结构化查询语言）是一种具有特殊作用的编程语言，是一种数据库查询和程序设计语言，用于存取数据，以及查询、更新和管理关系数据库系统。

9. Oracle是甲骨文公司研制的一种关系数据库管理系统。它是在数据库领域一直处于领先地位的产品。Oracle数据库系统是目前世界上最流行的关系数据库管理系统，可移植性好，使用方便，功能强，适用于各类大、中、小、微型计算机环境。它是一种高效率、可靠性好的适应高吞吐量的数据库解决方案。

10. Sybase 是 Sybase 公司研制的一种关系型数据库系统，是一种典型的 UNIX 或 Windows NT 平台上的客户机/服务器环境下的大型数据库系统。

11. DDE（Dynamic Data Exchange，动态数据交换）技术是 16 位 Windows 时代实现不同应用程序之间互相交换数据和控制的技术。

12. OCX［Object Linking and Embedding（OLE）Control Extension，对象类别扩充组件］是一种可以在 Windows 系统中运行的用于应用软件创建的特殊用途的程序。

13. ActiveX 是一个开放的集成平台，为开发人员、用户和 Web 生产商提供了一个快速而简便地在 Internet 和 Intranet 创建程序集成和内容的方法。使用 ActiveX，可轻松、方便地在 Web 页中插入多媒体效果、交互式对象及复杂程序。

14. OPC（OLE for Process Control，用于过程控制的 OLE）是一个工业标准，管理这个标准的国际组织是 OPC 基金会。OPC 基金会现有会员已超过 220 家，遍布全球，包括世界上所有主要的自动化控制系统、仪器仪表及过程控制系统的公司。OPC 包括一整套接口、属性和方法的标准集，用于过程控制和制造业自动化系统。

15. B/S（Browser/Server，浏览器/服务器）架构是 Web 兴起后的一种网络结构模式，Web 浏览器是客户端最主要的应用软件。这种模式统一了客户端，将系统功能的核心部分集中到服务器上，简化了系统的开发、维护和使用。客户机上只需要安装一个浏览器，如 Internet Explorer，而将 SQL Server、Oracle、MySQL 等数据库安装在服务器上即可。浏览器通过 Web 服务器与数据库进行数据交互。

16. C/S（Client/Server，客户机/服务器）架构中的服务器通常采用高性能的 PC、工作站或小型机，并采用大型数据库系统，如 Oracle、Sybase 或 SQL 服务器。客户端需要安装专用的客户端软件。

参 考 文 献

[1] 刘彬彬，高春艳，孙秀梅. Visual Basic 从入门到精通 [M]. 北京：清华大学出版社，2010.
[2] 韩旭，王娣. C 语言从入门到精通 [M]. 北京：清华大学出版社，2010.
[3] 梁绵鑫，边春元. WinCC 基础及应用开发指南 [M]. 北京：机械工业出版社，2009.
[4] 李俊民. 零基础学 Visual Basic [M]. 北京：机械工业出版社，2010.
[5] 甄立东. 西门子 WinCC V7 基础与应用 [M]. 北京：机械工业出版社，2011.
[6] 向晓汉. 西门子 WinCC V7 从入门到提高 [M]. 北京：机械工业出版社，2012.
[7] 石正喜. MySQL 数据库实用教程 [M]. 北京：北京师范大学出版社，2014.
[8] 姜建芳. 西门子 WinCC 组态软件工程应用技术 [M]. 北京：机械工业出版社，2015.
[9] 王前厚. 西门子 WinCC 从入门到精通 [M]. 北京：化学工业出版社，2017.
[10] STONETRE. WinCC V7.3_C 脚本手册 [EB/OL]. (2017-9-18) [2017-12-10]. https：//wenku.baidu.com/view/96125367580216fc700afdf4.html.
[11] 梁智斌. WinCC 应用与提高 [EB/OL]. [2017-12-10]. http：//course.jcpeixun.com/1759/.
[12] 陈华. 西门子 SIMATIC WinCC 使用指南：上册 [M]. 北京：机械工业出版社，2019.
[13] 陈华. 西门子 SIMATIC WinCC 使用指南：下册 [M]. 北京：机械工业出版社，2019.